江西通史

————先秦卷上冊

總序

鍾起煌

　　世界上的很多事情都是由機緣而起因執著而成，包括我們這部《江西通史》。

　　說由機緣而起，是因為這件事情的發生幾乎純屬偶然。二〇〇二年夏天，我和彭適凡、孫家驊同志談到江西悠久的歷史、談到江西輝煌的文化，因而產生了組織專家編撰《江西通史》的設想，彭、孫二位當即認為此舉當行而且可行。

　　說因執著而成，是因為一旦有這個想法，而且認為這是一件研究江西歷史、弘揚江西文化的重要工程，就決心去做。為此，我徵詢了周鑾書同志的意見，並邀請邵鴻和方志遠同志共商此事，得到他們的熱烈響應。二〇〇二年十月十八日，在江西省文物局和江西師大歷史文化與旅遊學院共同舉辦的全省文博教育成果展示與經驗交流會上，我向大會通報了編撰《江西通史》的意見，引起全體代表的熱烈反響，大家用長時間的熱烈掌聲表示支持，認為這是貫徹「三個代表」重要思想、全面挖掘和整理江西傳統文化、推進江西經濟文化建設的一大盛事。有了這個共識，十二月十三日，準備工作進入實質性階段。在我的主持下，召開了有關專家和編輯人員的聯席會議，對編撰《江西通史》的指導

思想、作者人選、工作日程、成果形式等具體問題展開了比較細緻的討論。二○○三年二月十五日，召開了第一次編撰工作會，《江西通史》的編撰工作就此正式啟動。

雖然說是機緣和偶然，但新的《江西通史》的編撰，實具備諸多因素和條件：

一、江西在中國歷史上具有重要的地位。根據最新的考古發現，在江西這塊土地上，人類的活動至少已有二十萬年歷史，它是中華民族發展史和古代文明發展史的重要組成部分；唐末五代以來，隨著全國經濟重心的南移，江西遂為全國經濟文化最為發達的省份之一，其物產之富、人才之眾，舉世矚目；進入二十世紀，江西又因為中央蘇區的建立而成為全國蘇維埃運動的中心。很難想像，在十分漫長的時段裡，沒有江西的中國歷史將會是什麼樣子。

二、文獻與實物資料豐富。江西既有「物華天寶、人傑地靈」之譽（唐王勃語），又素稱「文章節義」之邦（宋司馬光語）和「人文之藪」（清乾隆帝語），存世官修私撰文獻極為豐富。近年來一系列的考古發現，既可彌補文字記載之不足，更可與文

獻資料相互印證，為編撰《江西通史》提供了可供參考的實證材料和科學依據。

三、前期成果豐碩、學術隊伍整齊。老一輩的歷史學家仍然健在，他們不但學術積累深厚，而且對研究江西歷史有著強烈的責任心；中青年學者正趨成熟，他們繼承了前輩學者的嚴謹學風，又吸收了新的研究方法和研究技術，思維敏捷，勇於創新。在他們的共同努力下，這些年來已有大批高質量的有關江西歷史的學術成果問世，這些成果涉及江西歷史的方方面面，為編撰《江西通史》奠定了堅實的學術基礎。

四、政治環境寬鬆、經濟形勢發展。盛世修志是中國的傳統。改革開放以來，政通人和，國泰民安，江西經濟和全國一樣，有較快速度的發展。這為編撰《江西通史》提供了自由的學術氣氛和比較充裕的財力保證。近年來，江西的學術事業和出版事業取得了有目共睹的成就，連續獲得中宣部「五個一」工程獎和國家圖書獎、中國圖書獎，給江西文化藝術界和學術界以振奮，也引起了各兄弟省市的關注。這些成就的取得，為我們組織大規模著作的編撰工作提供了經驗。而周邊各省如湖北、湖南、浙江以及其他省市新編通史的紛紛問世，對《江西通史》的編撰是有力的推動，也提供了有益的借鑑。

五、從我個人來說，當時也恰恰能分出一些精力和時間來抓這件事情。於是儘力協調各方面的關係，為作者們、編者們排除各種障礙，以保證這項重大工程的圓滿完成。

四年來，《江西通史》的編撰工作得到了各方面的關心和支持。黃智權、吳新雄省長親自過問此事並指示有關部門給予支

持，省政協將其作為一件大的文化事業進行推動，省社聯將其列為重大科研項目，江西師大、南昌大學、省社科院、省文物局、省博物館和省考古所等有關單位也對參與編撰的專家們給予各種便利，出版部門派出了強大的編輯班子並準備了足夠的啟動和出版資金。特別要指出的是，各位作者在繁忙的教學和科研工作中，能夠將《江西通史》的寫作列入重要的工作計劃並全身心地投入。我在第一次全體編撰會議上指出，《江西通史》的編撰是一項挖掘和弘揚江西歷史文化傳統的千秋事業，希望作者和編者將其視為自己學術生涯中的重大事業。事實證明，作者和編者們後來都是這樣要求自己的。正是因為有了各方面的支持和全體編撰人員的共同努力，十一卷的《江西通史》才能順利地完成書稿並得到如期出版。

明代中期，隨著區域經濟文化的發展，修撰地方誌成為一大文化現象。各省、各府乃至各縣的省志、府志、縣誌大量湧現。此後遂為傳統。盛世修志也不僅僅限於修前朝歷史，更大量、更具有普遍意義的乃是修當地地方史。具有全局意義的江西省志也正是在這個時候產生的。自明中期以來，江西整體史著作已編撰過多部，其中著名的有：林庭㮚《江西通志》（37卷，明嘉靖四年），王宗沐《江西省大志》（8卷，嘉靖三十五年；萬曆二十五年陸萬垓增修），于成龍、杜果《江西通志》（54卷，清康熙二十二年），白潢、查慎行《西江志》（206卷，康熙五十九年），高其倬、謝旻《江西通志》（163卷，雍正十年），劉坤一、劉繹、趙之謙《江西通志》（180卷，光緒七年），吳宗慈、辛際周、周性初《江西通志稿》（9編，民國三十八年）。上世紀末，

又有許懷林的《江西史稿》（1994 年，江西高校出版社），陳文華、陳榮華主編的《江西通史》（1999 年，江西人民出版社）問世。這些著作在保留江西歷史遺存、挖掘江西歷史文化方面作出了重要的貢獻。如何在充分吸取前人成果的基礎上有所發展、有所創新，是對新編《江西通史》的重大考驗。

為了使新的《江西通史》更具有時代特色和歷史價值，更具有劃時代的意義，我們對這部著作提出了以下的要求：

一、中國歷史是一個整體，我們在研究任何地方歷史的時候，都不能脫離這個整體。因此，正確認識各個歷史時期江西在全國政治經濟格局中的地位就顯得尤其重要，必須充分關注江西與中央、與周邊地區的關係，不溢美、不自卑，不關起門來論江西，將《江西通史》寫成一部與中華民族的整體有著血肉聯繫的江西歷史。

二、《江西通史》是系統記述和研究江西歷史的大型學術著作，由眾多學者共同參與完成。一方面，各卷是作者的個人成果，是作者最新研究成果的結晶，可以也應該有自己的風格和特色，所以希望作者精益求精，使其成為各自領域的學術精品。另一方面，甚至更為重要的是，它又必須是一個整體，是一部「通史」，所以全書十一卷必須有統一的體例和統一的要求，在文風上一定要力求簡潔、明快。各卷作者務必服從整體、服從大局，使自己的作品成為整個《江西通史》的有機組成部分。

三、《江西通史》必須是一部真實、動態、有可讀性的信史。所謂真實，是指史料翔實、言必有據。此「據」是經過考證後認為合理的，否則，「盡信書則不如無書」（孟子語）。這就需

要每個作者既儘可能地系統爬梳和挖掘史料，又謹慎辨析和使用史料。所謂動態，是指用發展的眼光看問題，既將問題放在特定的歷史背景之下，又特別關注它的演進過程，因為即使是同一件事物，其狀態和作用也是隨著時間的推移和社會的變遷而變化的。這就需要每個作者以歷史唯物主義和辯證唯物主義的觀點和方法去闡釋歷史、去探討歷史演進的規律。所謂有可讀性，是指應該用流暢的文字、敘述的方法寫作，展示的是作者的觀點和結論，而不是考辨的過程，它的體例是史書而不是論文。無圖不成書。圖文並茂是中國出版物的優良傳統和重要特點，《江西通史》應該在儘可能的情況下，收集能夠說明江西歷史各階段各方面狀況的歷史圖片，以加強其歷史感和可信度，同時也使其更具有可讀性。

四、以人為本，以民為本，以基層社會為本。所謂以人為本，指的是要寫成人的歷史，以人的活動為描述對象，即使是制度、習俗，也應儘可能地有人的活動。所謂以民為本，指的是儘可能地站在大眾的立場上來敘述歷史、看待歷史，更多地敘述大眾的活動。所謂以基層為本，是因為地方史本身就是基層乃至底層的歷史，要儘可能地揭示基層組織和底層社會的活動狀況。在此基礎上，充分重視統治者和社會菁英對社會的主導作用，重視自然環境、人文環境，特別是包括傳統價值觀念和現實政治制度等在內的上層建築對個人、對大眾、對底層的影響和制約作用，寫成一部上層建築與經濟基礎互動、國家權力與基層社會互動、社會菁英與人民大眾互動的歷史。

十一卷本《江西通史》即將付梓，我們希望它的出版能夠成

為江西歷史研究的新的里程碑、能夠成為江西文化史上的一大盛事。當然，能否達到這個目標，還要由讀者和歷史來檢驗。

導論

本書按照歷史時期的順序，分十一卷詳盡敘述江西歷史。但有一些基本的、對江西歷史進程有著深刻而久遠影響的因素和問題，限於全書體例，不能在每一卷中詳細討論。為使讀者能夠對江西歷史有全局性的把握，在全書的開篇，我們試對幾個重要問題予以概述。

一 自然地理與江西歷史

任何歷史都發生於特定的空間。本書所敘述的江西歷史，是指自從有人類居住以來直至一九四九年，發生於現代江西省區範圍內的主要歷史事件，以及經濟與社會的發展和變遷。

世界上不同區域社會的發展變遷過程及其特徵，首先與該區域的自然地理條件有著密切聯繫。馬克思在論述原始社會時曾指出：「不同的公社在各自的自然環境中找到不同的生產資料和生活資料。因此，它們的生產方式、生活方式和產品也就各不相

同。」[1]所以，他把自然條件稱為人類歷史的「自然基礎」[2]。中國古代文明、古代近東文明、印度文明、美洲文明和歐洲文明，相互之間之所以有著巨大差異，地理條件的顯著不同無疑是最重要的因素之一。而在中國，不同地域之間文化的特徵和差異，在很大程度上也正是由各自地理條件的不同所導致。所以，要正確認識或解讀江西歷史與文化的底蘊，不能不從瞭解江西的自然地理開始。

現代的江西省，位於中國大陸東南長江中下游交界處的南岸，地處北緯二十四度二十九分至三十度五分，東經一百一十三度三十五分至一百一十八度二十九分[3]，南北長約六百二十公里，東西寬約四百九十公里，總面積為十六點六九萬平方公里。

江西在地理上自成單元。東邊有懷玉山和武夷山脈，將江西和浙江、福建兩省份隔開來；南部有大庾嶺、九連山脈逶迤於贛粵之間，形成天然分界；在西方，南段有統稱羅霄山脈的萬洋、諸廣、武功諸山，北段則有幕阜、九嶺二山，把江西與湖南、湖北相隔離。在上述各條山脈之間，有著一些天然的隘口和通道，這些隘口和通道多較為險要，但江西卻因此和周邊地域得以保持一定的聯繫。較重要者如廣豐的二度關，鉛山的分水關、桐木

1　《馬克思恩格斯全集》第二十三卷，人民出版社一九七五年版，第390頁。

2　《馬克思恩格斯選集》第一卷，人民出版社一九七二年版，第24頁。

3　江西省志編撰委員會：《江西省自然地理志》，方志出版社二○○三年版，第1頁。

關，資溪的鐵牛關，黎川的杉關、德勝關，瑞金的大嶺隘，以及大庾嶺上的梅關等，都是著名的關隘和出境通道。在江西北部，則有鄱陽湖及湖濱平原向著中原敞開，然而又有長江橫亙其北。這種地理上的相對獨立性，正是歷史上江西最終成為一個行省的天然條件和基礎。

江西地形以山地丘陵為主，約占全省總面積的百分之六十，其中邊緣山地約占全省總面積的五分之一[4]，最高山峰武夷山主峰黃崗山海拔兩千一百五十八米。北部鄱陽湖平原，廣闊肥沃，河道縱橫。中南部丘陵地帶海拔兩百至四百米，其間多盆地，如吉泰、贛州、瑞金、興國、南豐諸盆地等。此外在贛東南、西南山區，贛東北山地和贛西北山地中，河流兩側有沖積平原，形成若干谷地，如修水谷地、袁水谷地、信江谷地等。這樣一種地理形勢，確定了歷史時期江西人居、經濟以及政區劃分的基本格局。

現代江西屬於中亞熱帶濕潤季風氣候區，氣候溫和，四季分明，雨量充沛。全年平均氣溫在攝氏十六點二度至十九點七之間，平均無霜期長達兩百四十一至三百零四天。年平均降水量為一千三百四十一至一千九百四十毫米之間，為我國的多雨地區之一。光熱資源豐富，年平均日照數為一千四百七十三點三至兩千零七十七點五小時。季風顯著，冬季盛吹北風，夏季盛吹偏南

4　江西師範學院地理編寫組：《江西地理》，江西人民出版社一九七五年版。

風，春秋兩季為交替期。由於風向變換，使氣溫和降水也發生變化，形成四季分明的氣候特徵。

歷史上的江西氣候與現代有所差別。大致說來，東亞大陸距今一點五萬至一萬年以來，隨著地球上最後一次冰期消退，氣候趨於變暖，確定了其後至近代氣候的基本格局。其間有溫暖期和寒冷期交織變化，最新的科學研究表明，長江中游地區自五千年來分別經歷了全新世大暖期（西元前 3000 年-西元前 400 年），全新世降溫期（西元前 400 年-西元 550 年），中世紀暖期（西元550 年-1230 年），小冰期（1230 年-1890 年），現代變暖期（1890年至今）[5]。在全新世大暖期，長江流域氣溫與濕度與今天的珠江流域相近，為江西和南方水稻種植業的產生與發展提供了良好條件。

江西全省土地總面積為兩萬五千零三十五萬畝。土壤以紅壤分布面積最大，達一萬三千九百六十六萬畝，約占全省總面積的百分之五十五點七八。紅壤偏酸性，不適宜農作物種植但林木可以生長。其次為水稻土，廣泛分布於山丘谷地及河湖平原地帶，面積約三千萬畝，約占全省總面積的百分之十一點九九、全省耕地總面積的百分之八十以上，適宜水稻和多種農作物種植。再次為黃壤，面積約兩千五百萬畝，約占全省總面積的百分之十，主

5　參見顧延生《長江中下游鑽孔沉積物記錄的五千年來氣候變化與環境重建》，武漢大學博士論文（印刷本），二〇〇四年。按全新世大暖期的起始期要早於五千年前，但其延續時間學術界意見不盡相同。如依照施雅風院士的確定，是從八五〇〇年前至三千年前（見所著《中國全新世大暖期氣候與環境》，海洋出版社 1992 年版）。

要分布於中山山地的中上部，海拔七百米至一千兩百米之間。土體厚度不一，自然肥力一般較高，很適宜林木生長。土壤是歷史時期江西農業生產及其佈局的主要約束條件之一。

　　江西動植物資源十分豐富。各類植物有四千五百多種，占全國種數比例的百分之十七。地帶性植被為亞熱帶常綠闊葉林。在歷史上，江西之地覆蓋著廣袤的森林，雖然森林逐漸減少[6]，但一直是中國最重要的竹木輸出地之一，竹木、藥材等最晚從唐代以來已經是貿易的重要商品。目前江西森林覆蓋率為百分之五十九點七，僅次於福建而為全國第二。另據統計，江西現有脊椎動物八百四十五種，其中獸類一百零二種，鳥類四百二十種，魚類兩百零五種，爬行類七十七種，兩棲類四十一種。這為歷史時期江西狩獵、畜牧、漁業的發展提供了條件。

　　現代江西年平均降水總量約為兩千六百七十億立方米，水資源豐富。境內河流密佈，大小河流共計兩千四百多條，總長約一萬八千四百公里。其中較大的河流有一百六十多條。由於江西群山環抱的地勢，除了贛南的尋烏水、定南水流入東江，屬珠江水系，贛西萍鄉的淥水注入湘江，屬洞庭湖水系外，境內的絕大多數河流都向心匯入鄱陽湖。鄱陽湖水系主要由鄱陽湖和贛江、撫河、信江、饒河、修水及其支流組成，流域面積十六點二二萬平

6　顧延生的研究表明，長江中游地區近五千年來，有六次因人類活動導致森林覆蓋率快速下降的情形，即西周中期，戰國中期到秦漢時期，南北朝中晚期，隋唐時期，兩宋時期，清朝中期，中華人民共和國時期。其中最為嚴重的是秦漢、隋唐和當代。參上注文。

方公里，占全省流域面積的百分之九十四。現代江西河川多年平均徑流總量一千三百八十五億立方米（根據全國水資源調查評價統一規定計算），折合平均徑流深八百二十八毫米，徑流總量居全國第七位。按人口平均居全國第五位，按耕地平均居全國第六位，約相當全國畝均占有水量的二倍。各河系中，贛江縱貫全省，長達七百六十六公里，流域面積八點二萬平方公里，為江西省最大河流，也是長江第二大支流。它的年徑流量為六百八十五億五千萬立方米，接近全省的一半和黃河流域的年總水量。平均每年由鄱陽湖經湖口注入長江的水量為一千四百五十七億立方米，超過黃、淮、海河三大水系入海的總水量。極為豐富的水利資源，對歷史上江西經濟的發展意義重大，但也導致了歷史上江西多洪澇災害發生。

關於鄱陽湖，有必要特別予以敘述。鄱陽湖是現今中國最大的淡水湖。鄱陽湖曾被誤認為是古代著名的彭蠡澤，但根據譚其驤、張修桂先生的研究，先秦時期的彭蠡澤跨越長江，面積相當之大。而今天的鄱陽湖北湖當時還只是一條狹隘的水道。三國時期，彭蠡澤被長江分為南北兩部分，江北部分逐漸演變為今鄂、皖境內的龍感湖和大官湖等湖泊；江南部分向南擴展，將原贛江等河流下游的廣大平原逐漸淹沒，故漢代設置的鄡陽、海昏兩縣城於五世紀前期已沒入湖中。因湖水浸至鄱陽山，乃有鄱陽湖之名。此後水域略有變動，直至今日[7]。近年來，自然科學家綜合

---

7 參見譚其驤、張修桂《鄱陽湖演變的歷史過程》，載《復旦大學學報》

運用沉積學、生物學、有機碳同位素記錄、環境磁學等手段進行的研究，證明譚、張的觀點是正確的[8]。所以，要瞭解江西古代歷史上的許多史實，不能以今天的湖區概念來理解，否則就會導致錯誤認識。

　　江西為環西太平洋成礦帶的組成部分。成礦條件優越，礦產資源豐富。在目前已知的一百五十多種礦產中，已發現各類固體礦產資源一百四十多種，礦產地七百餘處，其中大型礦床八十餘處，中型礦床一百餘處。在探明的八十九種礦產儲量中，居全國前五位的有三十五種。銅、鎢、鈾釷、鉭鈮、稀土、金、銀被譽為江西省的「七朵金花」。其中在江西歷史上最具重要意義的是銅礦資源。現代江西銅儲量占全國總儲量的五分之一，工業儲量占三分之一，德興銅礦和貴溪冶煉廠是亞洲最大的銅礦和全國最大的銅冶煉基地。江西銅礦不僅儲量大，而且金、銀等伴生礦產品豐富，埋藏淺，易采易選，故瑞昌銅嶺銅礦早在商代就已經得到開發，為迄今發現開採最早的中國古代銅礦。唐宋以來，江西特多銅場冶監，也與此直接相關。江西還發現有特大型銀礦、特大型鉛鋅礦以及中型以上金礦、鉛鋅礦等，在歷史上也早被發現和利用。清人王謨在《江西考古錄》中說：「蓋自唐宋以後，鼓

一九八二年第二期。

8　朱海虹、張本：《鄱陽湖——水文、生物、沉積、濕地、開發整治》，中國科技大學出版社一九九七年版；參見顧延生《長江中下游鑽孔沉積物記錄的五千年來氣候變化與環境重建》，武漢大學博士論文（印刷本），二〇〇四年。

鑄之利猶莫盛於江西。」實非偶然。鎢礦在江西也蘊藏特豐，世界知名，近代開發後，成為江西出口的重要商品。非金屬礦產有七十餘種，大中型礦床二十多處，其中瓷土量大質優，這是江西歷史上陶瓷製造業特別發達的物質基礎。此外煤炭儲量較豐，江西建成（今高安）是中國也是世界上最早發現和使用煤炭的地方[9]，萍鄉煤礦和漢冶萍公司則在中國近代史上意義非小[10]。

良好的氣候、土壤和資源條件，相對較少的自然災害[11]，使得江西自古以來就是適宜農耕的魚米之鄉。特別是，隨著歷史上因戰亂等原因，大量北方居民連同先進的生產工具和技術進入江西，與江西良好的自然條件相結合，更為江西地區成為中國古代農業最為發達的地區之一創造了條件。豐富的礦產資源，則使江西成為中國古代最重要的手工業中心省份之一。而諸多湖泊河流，為古代江西人民提供了灌溉舟楫之利，並把丘陵、山區和盆地聯繫起來，再將江西與長江水系和整個外部世界緊密相連。

古人有云：「江西之為省，東接閩浙，西連荊蜀，被逾淮汴以達於京師，據嶺海之會，斥交廣之境。」[12]從區位上看，江西東臨福建、浙江，南連廣東，西接湖南，北鄰湖北、安徽，是華

9　見《後漢書・郡國志》「建成縣」條下劉昭注引宋雷次宗《豫章記》：「縣有葛鄉，有石炭二頃，可燃以爨。」

10　本段部分參考了江西省政府網站的有關介紹。

11　在中國災害地理方面，江西屬於一般災害區。據《中國災情報告》（1949-1994），江西的災害程度較全國平均水平要輕得多，參《江西省自然地理志》第211頁。

12　虞集：《江西行省惠政碑》，雍正《江西通志》卷四，《形勝》。

東、華南、華中三大區域的聯結點，為長江三角洲、珠江三角洲和閩東南三角地區的腹地，區位位置極為重要。江西向東和東北，翻越武夷山脈和懷玉山脈，可以連通福建、浙江，距離東海最近處只有一百多公里。向南，通過大庾嶺梅嶺古道，經南雄、韶關下北江可直航廣州即古代的番禺，與海外世界相連接。向西經淥水可經瀏陽河與湘江水系溝通，進而西接雲貴。向北則可由鄱陽湖進入長江，上可溯武昌、漢口直至巴蜀，連接中國廣闊的腹地，下則安慶、南京、揚州、上海片帆可航，與長江下游地區密切相連。特別是，由於古代中國在相當長時期內僅僅開放廣州一口與外部世界通商，而隋代以後，京杭大運河又將南北方水運貫通，運河——長江——贛江——大庾嶺——廣州通道成為中國封建社會後期最重要的交通幹線，江西不僅可以直航北方而達京畿，而且大量的人員、物資以及信息在這條大通道上源源不斷地南北對流，對江西古代經濟和文化的發展產生了巨大、深刻而積極的影響。

所以，雖然一方面江西地理自成單元，並因此使歷史上江西區域經濟與社會的發展具有自己的特點，但另一方面，至少從新石器時代以來，江西地區並不封閉，一直與外部有著交往聯繫並不斷發展著這種交往和聯繫，並且在秦統一以後，比較早地融入了中原文化，從一個所謂的「蠻荒之地」逐步變成華夏文明的中心區域之一。

二　江西歷史的分期

人類歷史歲月漫長，因此對歷史進行分期不僅是敘述的必

須，更是認識歷史的途徑和體現。史學著作對論述對象的階段劃分，既體現了作者對歷史變遷內涵和程度的認識，更體現了其對歷史社會及其發展進程本質特徵的把握。作為一部主要按朝代順序編撰的通史著作，有必要在全書的開頭扼要敘述一下江西歷史的基本分期問題。

本書沒有採用傳統的中國歷史分期，即把從古代到一九四九年的江西歷史劃分為原始社會、奴隸社會、封建社會、殖民地半殖民地社會四個階段。中國歷史分期問題，是一個相當複雜而難有定論的問題，自從上世紀二十年代後期中國社會史大論戰以來至今，七十多年來關於「五種社會形態」的爭論實際上一直沒有停止過。[13]關於中國古史分期問題爭論的關鍵，實際上是三個問題，第一，中國有沒有奴隸社會？第二，如果有，中國的封建社會何時形成？第三，用「封建」一詞概括中國封建時代是否合適？全面地對中國古史分期問題進行討論，不是本書的任務，但我們卻不能不對分期問題的基本看法或選擇做一簡要交代。

關於中國有沒有奴隸社會，學術界存在著不同意見。我們認為，在江西歷史上，目前還缺乏曾經存在過奴隸人數較多、奴隸制生產關係居於支配地位的奴隸社會的有力證據。因此，我們不使用奴隸社會的概念來界定封建時代以前的歷史時期。從商代中

13　參見林甘泉等《中國古代史分期討論五十年》，上海人民出版社一九八二年版；陳高華、張彤《二〇世紀中國社會科學（歷史學卷）》，第三章第一節，廣東教育出版社二〇〇六年版。

期江西出現了早期國家到封建時代到來之際這一階段，從政治形態來概括，我們稱為方國時期。

中國封建社會形成於何時，一直是有關爭論的焦點，但最普通的是西周封建說、戰國封建說和魏晉封建說，三者大致都能自成一家之言。鑒於江西歷史的實際情況，西元前七世紀楚國開始進據江西地區，方國時代結束，這大體上可以看做是江西封建社會的開端。

中國國內外有不少學者對中國史學界習用的「封建」或「封建社會（時代）」一詞持有異議。的確，比較西方中世紀的封建制度，本來中國西周時期的「封藩建國」即領主分封制與之最為相近，所以近代中國的譯者使用「封建」一詞對譯 Feudalism 可說是別無選擇。但戰國特別是秦統一之後的帝國時代之中國社會，則與之很不相同**14**。本來，把周代甚至夏商週三代稱為封建社會，而把秦代到一八四〇年的中國稱為專制帝國社會或宗法地主專制社會更為符合中國的實際，也更能與西歐歷史相對照。但由於長期以來中國史學界和社會已經習慣於使用「封建社會」一詞來界定周、秦或魏晉以來至於明清的古代中國，本書也就沿襲不變。如此，我們可以秦朝為界，把江西封建社會再分為列國占據時期和帝國時期。

或許有讀者會認為上述說明缺乏論證，過於簡略，但著名歷

14　參見侯建新《「封建主義」概念辨析》，《中國社會科學》二〇〇五年第六期；馮天瑜：《「封建」考論》，武漢大學出版社二〇〇六年版。

史學家何茲全教授的話或可有助於理解我們的立場。作為上世紀五、六十年代歷史分期大討論代表人物中碩果僅存的一位，他在年近九旬時坦承：「史學界對這個問題的爭論，已有『公說公有理，婆說婆有理，各說各有理』的淡漠甚或膩煩情緒」，因而他主張「我們先不要談論分期問題……要換個角度先研究中國歷史發展過程中客觀存在的自然段落」[15]。無疑，這是一種睿智的選擇，畢竟最為重要的不是讓歷史去適應某種理論框架，而是根據歷史實際把歷史的客觀進程特徵和階段描述出來。我們正是採取這樣一種態度來對待江西歷史分期問題的。

我們試把自二十萬年以來到一九四九年江西地區的歷史，初步劃分為四期九段：

1. 原始社會時期：舊石器時代──商代中期以前（約 20 萬年前-約西元前 1350 年）

　　①舊石器時期：約二十萬年前──約一點五萬年前

　　②新石器時期：約一點五萬年前──約西元前一三五〇年

2. 方國和列國占據時期：商代中期──秦統一（約西元前 1350-西元前 221 年）

　　①方國時期：商代中期──西元前七世紀

　　②列國占據時期：西元前七世紀──西元前二二一年

3. 封建帝國時期：秦──清中期（西元前 221-西元 1860 年）

15　參見孫家洲《古史分期大討論中的人與事》，《中國政協報》二〇〇四年一月二十九日。

①帝國前期：秦──東漢（西元前 221-西元 220 年）

②帝國中期：三國──五代（西元 220-西元 975 年）

③帝國後期：宋──清前期（西元 974-西元 1861 年）

4. 近代時期：清後期──民國時期（1861-1949 年）

①近代前期：清後期（1861-1911 年）

②近代後期：民國時期（1911-1949 年）

以下依此對各段歷史的特點進行概括性敘述。這種概括，實際上也可以看作是分期理由的闡釋。

1. 原始社會時期：舊石器時代──商代中期以前（約 20 萬年前-約西元前 1350 年）

①舊石器時期：約二十萬年前──約一點五萬年前

二十世紀八〇年代後期，考古工作者先後在安義、新余發現了五處舊石器地點，獲得各類舊石器製品八十九件。其年代距今約二十萬年左右，屬於舊石器時代中期。最晚從那個時期開始，江西地區開始有了人類生存，歷史由此開端。到距今五萬年至一點五萬年，萬年吊桶環下層、中層遺址、樂平湧山泉遺址和萬年仙人洞下層遺址等考古發現證明，其物質文化較前有所進步，屬於舊石器時代晚期和末期。

舊石器時期不僅生產力極為低下，而且變遷極為緩慢，是人類歷史最漫長的一個時期。江西舊石器時期的社會生活具有舊石器時代的一般特點，原始居民居於洞穴，打製石器工具及製作骨角器工具，以狩獵採集為生，其晚期可能進入了母系氏族社會。

②新石器時期：約距今一點五萬年前──約西元前一三五〇年

萬年吊桶環和仙人洞上層遺址，展現了江西地區新石器時代

早期的文化面貌：磨製和鑽孔技術得到應用，石器和骨角器品類更加豐富，陶器製作開始出現，生產效率提高。更重要的是，隨著人工栽培稻的種植，最初的農業亦即所謂「農業革命」發生，江西先民們開始逐步擺脫天然的攫取經濟，向著農業社會邁進。值得注意的是，這兩個遺址不僅是迄今國內發現的年代最早的新石器早期遺址之一，而且製陶技術和水稻栽培更是已知世界最早或最早者之一。這似乎表明，在農業社會的初始階段，包括江西在內的長江中下游地區不但不是後來者，而且是較為先進的區域。

距今一萬年以來，江西地區進入了新石器晚期亦即其繁榮期。這一時期的文化遺址已遍布全省各地，其突出的代表性文化有拾年山文化、山背文化、築衛城文化、社山頭文化、鄭家坳文化等。石器、骨角器和陶器製造更加先進，農業、手工業經濟有了顯著進步，水稻廣為種植，家畜飼養普遍，建築、紡織技術出現並不斷發展，房屋和聚落成為主要居住形式，人口迅速增長。與此同時，社會剩餘產品增加，對偶家庭、父氏家長制家庭逐漸成為主要的家庭形式，氏族內部發生了財產占有和社會地位的分化，社會醞釀著深刻變化。但相對於黃河流域距今五千年前已經出現了最初的酋長國家，四千年前出現了夏王朝，江西地區進入文明時代的步伐相對遲緩。

2. 方國和戰國占據時期：商代中期——秦統一（約西元前 1350-西元前 221 年）

①方國時期：商代中期——西元前七世紀

根據現有的考古發掘資料，特別是著名的樟樹吳城，新幹大

洋洲、牛頭城，瑞昌銅嶺等遺址的發現，西元前十四世紀江西地區社會逐漸發生了重大的發展和變化。

經濟方面，農業已經脫離「砍倒燒光」式的原始農業方式，進入了耜耕農業階段。手工業已經開始了銅礦采冶和銅器鑄造，標誌著社會進入了青銅時代。原始瓷的燒造、製玉工藝和絲織的出現，則反映了傳統製陶業、石器製作業和紡織業的飛躍。遠距離交換和貨幣出現，商業活動開始形成並得到初步發展。這一切成就，最集中地體現在一九八九年新幹大洋洲商代大墓出土的大量青銅器、玉器和陶瓷器上。

社會方面，已經出現了文字系統，形成了像吳城這樣擁有較大的城池和大型祭祀遺址、宮室遺址、手工業區域的中心城邑聚落和早期國家或方國的中心，大規模的戰爭開始出現。文明已經發生，但這一文明顯然與中原的商文明有較大差距因而深受後者的影響，但也仍然保留了相當強烈的地域特徵。吳城可能並不是江西的唯一文明中心，因為考古證實當時江西至少出現了兩個文化體，即吳城文化和萬年文化。萬年文化亦為青銅文化，雖發展程度不及吳城文化，但亦當有其中心城邑。

進入西周時期，江西地方文化在商代的基礎上繼續發展，文化遺址密集出現，代替吳城而為文明中心的，可能是新幹牛頭城。在周王朝的強勢影響下，江西各地文化面貌漸趨一致。

總之在商代中期，江西地區開始進入文明時代。由於資料限制，我們現在還難以知道吳城——牛頭城方國的名號，但可以肯定吳城遺址已屬於早期國家，或者說即西方學者所謂的酋長國家。同時雖然這一方國已經受到商文明及後來西周文明的深刻影

響，但應當仍具有政治上的獨立性，和中原商周王朝可能只有貢納關係或者並非直接管轄的外服封國關係。所以，我們把這一時期稱為方國時期。

②列國占據時期：西元前七世紀——西元前二二一年

進入西元前七世紀以來，江西有兩個重大變化。

第一個重大變化是，諸侯國勢力逐步進占江西。西北的楚國在成王時期（西元前 671-西元前 625 年），向南拓地達今湖南中部，贛西部分地域可能已為楚人所據。其後楚人繼續東進，進占番地即今波陽為中心的大片地方。西元前五〇四年，吳國大舉攻楚，克番而有之，旋即西進至贛西北的艾邑。西元前四七三年越滅吳，吳地大部入越。此後楚國復向東方不斷擴張，西元前三〇六年滅越，江西大部歸入楚國版圖。可以肯定的是，最晚到西元前六世紀，贛地的古老方國不復存在。因江西陸續成為楚、吳、越國的屬地，所以可以把這一時期稱為列國占據時期。由於楚國等國的占領和若干中心城邑的建立，原先分散獨立的許多土著百越部落、宗族逐漸被納入了統治體系之中，出現了民族融合的重要契機。

第二個重大變化是，伴隨著鐵器的發明和普及，以及楚文化和吳越文化的輸入，江西經濟進一步發展。春秋晚期至戰國，鐵農具在贛北、贛中已較普遍，農業由此有了顯著發展，新干戰國大型糧庫遺址的發現就是最好的證明。紡織、採礦、銅冶、陶瓷、竹木製造業和商業貿易也都有所增長，江西經濟與楚國和吳越中心地區開始出現接近的趨勢。

3. 封建帝國時期：秦——清中期（西元前 221-西元 1860 年）

西元前二二三年，秦滅楚。兩年後秦滅齊，統一中國。從此，江西地區就被置於中央帝國的直接統治之下，江西地方的歷史也由此被納入中國整體歷史之中。從稍後的漢代豫章郡直至明清的江西行省，二千多年裡，江西一直是中央王朝或南方王朝的重要政區，其在全國和南方地區的經濟和文化地位不斷上升，終於成為中國經濟和人文地理中最重要的區域之一。

①帝國前期：秦——東漢（西元前 221-220 年）

這是封建帝國時期江西經濟和社會的初步成長期。

在政治上，在秦漢中央王朝直接統治下，江西被完全納入郡縣體制，而且隨著郡縣的不斷增設，郡縣網絡逐漸擴張和周密。秦代江西大部隸屬於九江郡，設縣大約七個左右，統治還較薄弱，不少百越族系的民眾還未成為國家的編戶齊民。西漢初，朝廷設立豫章郡（西元前 201 年），下轄南昌等十八縣，江西正式成為基本政區。此後豫章郡屬縣治持續增長，到東漢末期增至二十六縣。及至漢末吳初，由於孫權對山越的鎮壓搜括和增設郡縣，中央政權對江西基本實現了全面、有效的控制。

在經濟上，鐵器進一步普及，牛耕逐步推廣，水利事業開始興修，農業得到發展。到西元二世紀初葉，江西地區開始較大規模糧食外調。各種手工業同步發展，交通暢達，商品貨幣經濟初現繁榮。與此同時，豫章郡的戶口數急遽增長，到東漢順帝（西元 140 年）時，不僅位居揚州第一，而且戶數為全國第二，人口數為全國第三。江西經濟達到了當時南方地區的較高水平。從生產關係看，土地私有制得到發展，自耕農是基本農業勞動者，但家庭奴隸、各種依附農也有一定比例，豪強地主和莊園經濟開始

成長。

在文化上，秦末番縣令吳芮反秦起義，「率百越佐諸侯從入關」，漢初受封為長沙王。兩漢時期，豫章才俊何湯、程曾、唐檀、徐稚（徐孺子）等人知名於世，其地位雖不足以與中原的名公巨卿、大儒碩學相提並論，畢竟開始進入朝廷或成為全國知名的文化人物。《後漢書》稱徐孺子是「南方鄙薄之地」的「角立傑出」之士，這一評價既說明徐稚在王朝中的影響，也反映了當時江西畢竟還是經濟和文化上較為邊緣的地區。大量北方和外地人士來到江西地區，施政辦學、興利除弊，傳播先進技術和文化，對江西人文的興起起了積極作用。

②帝國中期：三國——五代（220-974 年）

這一時期，江西地區歷經東吳、晉、宋、齊、梁、陳、隋、唐、吳、南唐等十個政權的統治，是江西區域經濟和社會的持續發展期。

六朝時期的江西，經濟發展極為迅速。雷次宗的《豫章記》首次對贛鄱之地的經濟繁榮有了詩一般的描繪。西晉江州的設立，充分表明江西在六朝時期的地位已經可以和揚州、荊州相比。到南朝末年，江西之地已經設立九郡六十縣，達到了歷史上第一個高峰。儘管在門閥士族的束縛重壓下，仍有一批江西人走上了六朝政治、軍事、文化舞台，出現了陶侃、宋齊丘等重臣和熊曇朗、余孝頃、黃法氍、周迪等南川土豪群體，以及像陶淵明這樣的大詩人。

隨之而來的隋唐時期，黃河流域在經歷了盛唐的繁榮之後，因安史之亂而走向衰落。而江西地區和整個長江中下游地區一

起，因相對和平的環境，大量北方人口的遷入，自身的積累與發展，逐漸成為中國經濟的重心所在。江西地區此後千餘年的農業、手工業技術和小農經濟的基本格局已經奠定。佛教、道教和書院興起，預示著江西文化的創新和嶄露頭角，科舉制度的施行，則為江西優秀人才在政治上的上升創造了條件。連接大運河、長江和嶺南進而外部世界的贛江、大庾嶺商道的暢通，更為江西地區此後的發展帶來了巨大的機遇和推動。「物華天寶，人傑地靈」八字，成為江西經濟、社會和文化發展的最好寫照。唐末大亂，江西地區在吳特別是南唐的統治下相對安定，眾多民眾和士大夫進入江西，南唐甚至一度以南昌為首都，江西經濟和文化地位進一步提升，為隨後江西經濟社會的發展繁榮奠定了基礎。

③帝國後期：宋——清中期（974-1861 年）

在此前千餘年發展的基礎上，北宋以來直至清代中期，江西進入了其經濟社會的繁榮興盛期。

西元九七四年，北宋滅南唐。承六朝隋唐以來發展的勢頭，宋代江西經濟、文化繁榮興盛，不僅糧食輸出有「天下之最」之譽，茶葉、採礦、冶金、陶瓷、紡織、製紙、造船、航運、商貿、城市等亦無不興旺發達。各地書院林立，文風昌盛，科舉得人甚眾，儒、釋、道、藝人才輩出，為華夏文明貢獻了一大批大師級的人物，「人才之盛，遂甲於天下」[16]。經過長時期的積累

16　洪邁：《饒州風俗》，《容齋四筆》卷五。

和對中原文化的吸收消化之後，江西終於展現了其巨大的經濟能量和文化創造力，成為古代中國最重要的經濟文化中心區域之一。

經過元代短暫的動盪，明清江西的經濟、社會和文化繼續發展，達到了江西古代歷史的頂峰。經濟上人口激增，山區廣泛墾殖，商品農作物大量種植，各種手工業和商業貿易繁榮活躍，市鎮經濟疾速增長，傳統經濟趨於極盛。文化上人文發達，碩儒踵繼，成就眾多，影響巨大。江西繼續保持著古代中國最重要的經濟和文化中心區域之一的地位。而與此同時，人均耕地的銳減，租佃關係的高度發展，江右商幫的壯大和遠被，景德鎮面向世界的大規模專業生產，工礦企業中僱傭關係的發展，等等，也都顯示著江西傳統社會中新的社會因素不斷增長，深刻的社會矛盾和社會變遷正在孕育。

4. 近代時期：清後期──民國時期（1861-1949 年）

①近代前期：清後期（1861-1911 年）

一八四〇年，鴉片戰爭爆發，次年中英《南京條約》簽訂，中國開始步入殖民地半殖民地社會。

近代對江西社會首先予以巨大沖擊的是太平天國戰爭。一八五〇年太平軍起於廣西，隨後橫掃東南半壁。一八五三年二月太平軍進入江西，贛省難以抵禦，曾國藩率領湘軍出省東進，遂開俗稱「湖南人出兵，江西人出錢」與太平天國爭鬥的局面。贛皖兩省，是湘軍和太平天國爭奪拉鋸的關鍵地區，人員和經濟損失極其巨大。尤其是戰爭中出現的釐金制度，從此成為江西經濟的桎梏。一八六四年太平軍最終覆滅於江西，但江西經濟社會因此

受到極大破壞。

一八五六年第二次鴉片戰爭爆發，中國戰敗簽訂《天津條約》，沿長江多個口岸被迫開埠通商，江西九江亦在其列。從一八六一年起，英國等列強紛至沓來，設立租界，傾銷商品，進而把持海關，控制航運和修築鐵路，江西傳統的自然經濟結構由此逐漸趨於解體。同時，贛江大庾嶺商道亦因開埠以來物流改道，地位一落千丈，江西從歷史上的通衢要區一變而為封閉的內陸省份，因而更加難以維繫傳統的經濟模式和發展近代工商業。這與太平天國戰爭一起，鎖定了近代江西經濟、社會日益衰落的基本路徑。在此背景下，江西經濟與社會與沿海地區逐漸拉大了差距。但西方資本主義的入侵，也給江西帶來了近代思想和文化，推動著江西近代化的起步。近代農業、工礦業、交通運輸業以及新式學堂、近代新聞出版業和醫學、科技事業開始出現。鑒於西方勢力直接進入江西是一八六一年，故而我們把江西近代歷史的開端定在這一年而不是一八四〇年。

②近代後期：民國時期（1911-1949 年）

辛亥革命推翻清朝，結束了兩千多年的封建帝制，建立民國。但革命的成果為袁世凱篡奪，江西也因之長期為北洋政府所控制。十餘年中，北洋軍閥在贛唯事掠奪，少有建設，江西社會的近代化成績非常有限，經濟進一步衰落，社會矛盾日益激化。

一九二六年，國共合作發動的北伐克復江西，終結了北洋軍閥的反動統治。但不久即進入第二次國內革命戰爭時期，南昌起義、秋收暴動等一系列武裝起義爆發，毛澤東和中國共產黨人在江西開創了井岡山和贛南閩西、贛東北、湘鄂贛等革命根據地，

江西成為紅色革命的搖籃。革命戰爭是江西人民和中國人民實現近代化的特殊努力，但殘酷的「圍剿」戰爭，使江西經濟社會再遭重創。一九三五年後，國民政府及當時的省主席熊式輝雖然有所建設，經濟、社會、文化等方面得到一定發展，但旋即爆發日本侵華戰爭，八年中江西人民的生命財產遭受極其慘重的損失。抗戰結束，國民黨又發動內戰，江西經濟社會更趨於崩潰。然而物極必反，此刻的江西即將迎來一個全新的時代——中華人民共和國時代。

三　江西古代的民族

　　據二〇〇〇年十一月第五次人口普查，江西省總人口為四千一百三十九萬八千人，其中漢族四千一百二十八萬五千兩百人，占全省總人口的百分之九十九點七三。全省共有五十一個少數民族，總人口為十一萬兩千八百人，占全省總人口的百分之零點二七[17]。畬族是江西的主要少數民族，共計七萬七千六百五十人，占江西少數民族人口的百分之六十八點八四，其他民族人數極少。全省現有建制畬族鄉七個（貴溪市樟坪畬族鄉，永豐縣龍岡畬族鄉，吉安市青原區東固畬族鄉，鉛山縣太源畬族鄉、篁碧畬族鄉，樂安縣金竹畬族鄉，南康市赤土畬族鄉），少數民族行政村六十一個（內有畬族村 56 個，瑤族、回族、黎族村各 1 個，

17　《第五次人口普查公報——江西》，江西省統計局二〇〇一年四月六日發佈，見中華人民共和國國家統計局網站，**www.stats.gov.cn**。

多民族村 1 個），另有少數民族村民小組近四百個[18]。和東部各省一樣，江西屬於少數民族人口很少的散雜居省份。相比之下，西鄰的湖南省少數民族人口仍占百分之七點九三，並擁有一個自治州和七個自治縣[19]。雖然當代江西漢族占絕大多數，但在歷史上相當長的一段時間內，贛鄱大地並不是漢族的前身——華夏民族的居住地域。今天江西的民族情形，是數千年來歷史演變的結果。

最晚在商代，百越族群就在江西大地上生息，創造了江西最早的文明。而在此後的三千年多年中，江西地區納入中原王朝並得到逐漸開發，成為古代中國經濟和文化中心區域。這一過程也就是中原華夏——漢民族和江西地區土著民族的交往、鬥爭、消長和融合的過程。土著和少數民族在江西古代政治、經濟和文化的發展上打上了深刻的烙印，民族的歷史同樣構成了江西古代歷史的重要線索和內容。然而，以往江西古代民族問題研究很不充分。其一是因為研究資料的缺乏和零散，困難很多；其二是因為中國民族史特別是中古以前民族歷史的研究不夠充分，制約了區域民族史的探索。但近三十年來，中國民族史研究在以往的基礎上有了長足進步，基因考古等科技亦提供了重要的新工具，江西

---

18 江西省民族宗教事務局網站，www.jxmzj.gov.cn：8081。另據該網站介紹，除畬族外，江西人口超過一千人的少數民族有回族（9972人）、蒙古族（9010人）、苗族（5414人）、滿族（5075人）等 13 個民族。這些民族大部分都是在近現代才遷入江西的。

19 游俊、李漢林：《湖南少數民族史》，民族出版社二〇〇一年版，第1-3頁。

區域民族史的研究也有所積累，系統探討江西民族史的條件已有較大改善。同時，由於本書分卷較多，對民族問題的敘述較為分散、不夠系統，因此我們在導論中專設一節概述之。

1. 上古江西民族

遠古江西居民的族屬，限於資料，今天已難明了。而對距今五、六千年前的中國民族，上世紀蒙文通先生提出可分為華夏、東夷和三苗三大集團，其後徐旭生先生復加申論[20]，此後學者多宗之。然此說並不全面，上古中國地域內，大的民族集團如西北之氐羌、西南諸夷、北方之草原民族，特別是東南的百越民族等並未被涵蓋在內。此三者，只是五帝時期在中原一帶爭奪攻戰之最激烈者，其反映的只是黃河中下游地區的大致情形。

三大集團中，三苗偏居南方。三苗的中心，一般認為在河南南部的南陽盆地和湖北江漢平原。因為地接中原，所以三苗成為與華夏族爭奪中原的對手。商周時期，三苗的主要部分仍在長江中游地區與其他民族雜處，而被稱為南蠻或荊蠻[21]。

《戰國策・魏策》：「昔者三苗之居，左彭蠡之波，右洞庭之水，文山在其南，而衡山在其北。恃此險也，為政不善，而禹放之。」以往因為人們認為彭蠡是鄱陽湖的古稱，故歷來學者多據此認為「三苗之居」當在今洞庭湖、鄱陽湖之間的湖南和江西北

20　《古史墊微》，商務印書館一九三三年版；《中國古史的傳說時代》（增訂本），文物出版社一九八五年版。

21　參見胡紹華《九黎、三苗、南蠻》，文史知識編輯部編《中華古代民族志》，中華書局二○○四年版。

部。如清代王謨《江西考古錄》卷十有三苗在江西之說，其根據大抵在此。但如前述，古代的彭蠡澤並不是今天的鄱陽湖，因此這種說法就站不住腳了。正如彭適凡先生在本書先秦卷第八十四頁中所說：

　　既然古彭蠡澤不在今之江西鄱陽湖，那麼三苗的分佈範圍，似不應含江西的北部，而應是以湖北的江漢地區為中心，北及河南西南的南陽盆地，南達湖南洞庭湖以北地區。大量考古資料證明，湖北地區包括南陽盆地的新石器時代文化，即時代較早且偏西的大溪文化到屈家嶺文化再到較晚的石家河文化，學術界較一致認為，應該就是三苗不同時期的文化遺存。

　　鑒於大溪、屈家嶺和石家河文化在江西地區並無明顯存留，三苗不是江西主體居民應可斷定。

　　五帝時期的江西居民，當主要是古越族人。《呂氏春秋·恃君覽》：「揚漢之南，百越之際，敝凱諸夫風餘靡之地，縛婁、陽禺、驩兜之國，多無君。」現在確知，商周以來沿海岸線從蘇南、浙江、皖南、福建、江西、廣東、廣西、湖南東南部以至越南北部，居民主體乃是百越民系[22]。而且學術界公認，幾何印紋陶文化是百越民族的主要文化特徵之一，其產生於原始社會後

22　王鐘翰主編：《中國民族史》，中國社會科學出版社一九九四年版，第95頁。

期，形成於相當中原的商周時期，衰落於戰國至秦漢，這與古越族的形成、發展和消失的歷史過程大致相符[23]。從新石器時期到商周，江西正是幾何印紋陶文化的中心區域之一，由此可以判定，江西地區當時屬百越所居當無問題。只是商周以前，古越人群究竟應稱為百越還是稱為古先越人，學者間存有不同說法，但這顯然不是原則分歧。

有學者認為百越可能與三苗有關係[24]，但從商周時期的情況看，百越主要分布在長江以南東部、華南和越南北部的廣大地區，而三苗的後裔——南蠻主要分布在長江中游及西南地區。同時，其語言屬於不同系統，風俗習慣也有顯著差異，在考古學文化上也各有代表。因此學術界一般認為，百越與三苗屬於不同族系[25]。新近的染色體 DNA 遺傳標記調查亦顯示，漢、藏緬、苗瑤系民族，與侗傣語系各民族、台灣原住民和南島語系民族一系

---

23 蔣炳釗：《百年回眸——二十世紀百越民族史研究概述》，蔣炳釗主編：《百越文化研究》，廈門大學出版社二〇〇五年版；彭適凡：《中國南方古代印紋陶》，文物出版社一九八七年版。

24 參見蔣炳釗《八年的回顧——百越民族史研究會學術活動綜述》，《百越民族研究》，江西教育出版社一九九〇年版。

25 王鐘翰主編：《中國民族史》，中國社會科學出版社一九九四年版，第317、575 頁。近年有學者從兩族系的後裔比較進一步證明了百越、三苗的不同。中國南方閩、粵、贛地區除了漢族外，主要兩大族群：一是百越及其後裔，包括古代越人越、俚、僚、蜒，越人後裔壯、侗、布依、水、黎等族，主要屬壯侗語族系統。一是苗、畬、瑤諸族，屬苗瑤語族。越人與苗、畬、瑤分屬兩個不同系統的族群，具有各自鮮明的特徵。參見吳永章：《百越與畬瑤混同說辨證》，《嘉應大學學報》二〇〇三年第三期。

有明顯區別，而後者是百越民族的後裔[26]。

　　不過，著名考古學家俞偉超結合歷年考古發現認為，三苗文化的南端可至江西西北的修水[27]。在上古地域廣闊、人口稀少、人群遷徙靡常的歷史條件下，似乎也不能完全排除有部分三苗系人群進入江西地區與百越雜處。商代吳城遺址城壕中出土的被砍下的人頭骨，經 DNA 鑑定疑為苗瑤系人群。鑑於其可能屬於戰俘殺祭，則其與吳城居民為不同族屬[28]。

2. 商周戰國時期的江西古越族

　　上古江西居民主體是越人，但百越既號為「百越」，正如《漢書‧地理志》注引臣瓚曰：「自交趾至會稽，七八千里，百越雜處，各有種姓。」「各有種姓」，說明成分複雜，並非單一民族而是民族和部落的集群。考古學家李伯謙曾根據器物類型，把印紋陶分為寧鎮區、太湖區、贛鄱區、湖南區、嶺南區、閩台區和粵東閩南區等七個分區[29]，這也證明其組成複雜，有明顯的地域差距。

　　從考古發現來看，從新石器晚期到商周時期江西地區的文化

26　參見李輝《百越遺傳結構的一元二分現象》，《廣西民族研究》二〇〇二年第四期。

27　參見俞偉超《楚文化的淵源與三苗文化的考古學推測》，《文物》一九八〇年第十期。

28　《吳城──一九七三──二〇〇二考古發掘報告》，文物出版社二〇〇五年版。一般認為，苗瑤系民族是苗蠻民族的後裔，見王文光《中國南方民族史》，民族出版社一九九九年版。

29　《我國南方幾何印紋陶遺存的分區分期及有關問題》，《北京大學學報》一九八一年第一期。

形態雖有其一致性，但可以大致分為三個系統：

早在新石器時代，贛江、鄱陽湖兩岸業已形成文化差異，其東部地區是社山頭文化，西部地區是樊城堆文化的分佈區。至商代，贛鄱以東為萬年文化，以西為吳城文化。萬年文化與浙江的高祭台類型、馬橋文化和閩北的黃土侖類型青銅文化連成一片，成為沒有受以鬲、假腹豆、深腹盆等為代表的商文化影響的區域。吳城文化與湘江、洞庭湖以東地區具有文化共性，普遍使用有段石錛、馬鞍形陶刀、馬鞍形石刀做生產工具，流行印紋陶，鑄造大型肖形青銅器，使用大型鐃作打擊樂器，等等[30]。萬年文化和吳城文化構成了江西青銅文化的二元主體。這一現象說明，贛鄱地區的古越族，應分屬於兩個不同的支系。

另外，贛江上游地區不僅地理上自成單元，而且其文化特徵與吳城文化和萬年文化均存在著較大差別，但陶器的主流是南方印紋陶流行的器種，並且某些特徵表現出與廣東石峽文化相近（彭適凡，本書第 119 頁）。這似乎表明，這裡的古居民和嶺南有著密切關係而為另外一支越人。

不少學者認為，江西之地的古越族，贛鄱以西當屬揚越，以東則可能屬於干越[31]。贛鄱以東的古越人為干越族群，此說有一定的文獻依據。《文選·吳都賦》李善注引《漢書音義》：「干，

---

30 彭明瀚：《吳城文化研究》，文物出版社二〇〇五年版，第 250-256 頁。

31 參見蔣炳釗《百年回眸——二十世紀百越民族史研究概述》，《百越文化研究》，第 20 頁。

南方越名也。」《漢書・貨殖傳》師古注引孟康曰：「干越，南方越別名也。」其地一般認為分布於以今江西餘干為中心的贛東北地區[32]，和萬年文化的分布區大致相合。《太平御覽》卷一七〇引韋昭《漢書注》：「干越，今餘干縣越之別名。」鑒於餘干歷來有干越的古蹟或地名遺留，如干越渡、干越亭等[33]，古代這一帶為干越活動區似可信。著名的商代鷹潭角山遺址和春秋戰國時期鷹潭崖墓，均當屬於干越。

　　但揚越之說似尚難定論。「揚越」一詞，最早見於西周。《史記・楚世家》：「（周夷王時）熊渠甚得江漢間民和，乃興兵伐庸、楊粵，至於鄂。熊渠曰：『我蠻夷也，不與中國之號諡。』乃立其長子康為句亶王，中子紅為鄂王，少子執疵為越章王，皆在江上楚蠻之地。」這一記載原意很清楚，楚由西向東而伐，隨之設三王治三地，句亶王治庸，鄂王治鄂，越章王治楊粵（揚越）。庸在今湖北竹山縣一帶，鄂在今湖北武昌（一說鄂州），楊粵（揚越）地不詳，但一定是在鄂地之西的江漢平原中部的一個小國，與江西無干。

　　在早期古文獻裡，「揚越」的記載以《史記》最為集中。而《史記》中的「揚越」主要是指湘南、嶺南直至今越南北部地區

32　參見蔣炳釗《百年回眸──二十世紀百越民族史研究概述》，《百越文化研究》，廈門大學出版社二〇〇五年版，第 19 頁。秦漢時期的餘干（汗）縣轄地廣闊，跨有今上饒、撫州兩地級市所屬餘干、樂平、德興、橫峰、上饒、弋陽、貴溪、廣豐、餘江各縣及萬年、東鄉縣的一部分。

33　參見俞靜安「干越」考，《陝西師範學校學報》一九五七年第三期。

的「百越」。如《吳起列傳》記載其「南平百越，北並陳蔡」，而《蔡澤列傳》作「南收揚越，北並陳蔡」。《貨殖列傳》：「九疑、蒼梧以南至儋耳者，與江南大同俗，而揚越多焉。」又《南越列傳》：「秦時已並天下，略定楊越。置桂林、南海、象郡，以謫徙民，與越雜處十三歲。」《太史公自序》：「漢既平中國，而（趙）佗能集揚越以保南藩。」戰國秦漢時期其他文獻的記載，也大致如是。可見當時的「揚越」，和江西地區也難說有確切關係。

六朝以來，人們逐漸習用「揚越」稱呼長江中下游地區。如：

「王濬南征……兵無血刃，揚越為墟。」《晉書・武帝紀》

「晉室播遷，來宅揚越。」《宋書・朱齡石毛修之傅弘之傳》史臣曰。

「晉室播遷，南據揚越。」《史通・表歷篇》

「（秦王符堅詔：）朕方委以征伐之事，北平匈奴，南蕩揚越……」《資治通鑑》卷一〇三，太宗簡文皇帝咸安元年。

這些文獻中所提到的「揚越」，均指春秋戰國時期越國故地，即今蘇南、杭州灣為中心的長江下游及中游部分地區。其所以稱「揚越」，是因為這裡正是禹貢九州的揚州之地。此揚越與江西地區關係同樣不大。

因此，「揚越」在古文獻中不是一個單一概念，「『揚越』作為一個泛稱，是具有不確定性的，要根據上下文所指來確定其準

確意義」[34]。而無論何種含義，都尚難確鑿地和江西某支古越族聯繫起來。即便依照《史記》湖湘南部屬於揚越的範圍而近於江西，且吳城文化和湘江、洞庭湖以東考古文化確有一些共性，但也仍不足以證明吳城古越人應稱為「揚越」。因為《史記》中「揚越」又稱「百越」，並非某一越族的專指，且如此之大地域上的越人實在難以被看成是一個統一的族體，何況印紋陶的分區湘、贛明明是不同的。故贛鄱以西地區的古越人究竟何屬，還有待於進一步研究。

商周以來，中原文明的影響日益增大。贛江中游的吳城、大洋洲和牛頭城諸遺址的發現證明，其時當地已經形成了政治權力中心和方國實體。這一方國，當是土著越族在中原文明影響下發展起來的。到西周中、晚期，江西各地的考古文化面貌開始漸趨一致（彭適凡，本書第 230-231 頁），這說明在外來文化的影響下，贛鄱地區土著越人族群之間也逐漸趨於融合。

約七世紀中期，楚國勢力入贛，此後吳、越勢力先後由東方進入江西。楚威王時（西元前 339-西元前 328 年）「大敗越，殺王無疆，盡取故吳地至浙江」[35]，江西之地從此盡為楚人所有。吳、越和楚在江西確立統治，自然要建立相應的政治和軍事中心，但數量很少，只有番、艾和上贛等幾個地名見諸文字。因此

34　參見王文光《先秦時期歷史文獻中的越民族群體》，《雲南師範大學學報》二〇〇五年第一期。

35　《史記‧越王勾踐世家》。

諸國在贛的統治，必然只是一種點狀的控制。對居住於江西廣大地域上的土著越人來說，在逐漸從屬於外來統治者統治的同時，實際上仍然有著廣闊的生存和保持傳統的空間。

3. 秦漢三國時期土著越族的逐漸同化

秦統一中國，江西之地被納入中原王朝直接統治之下，並成為秦王朝攻取嶺南和閩越的前沿。秦在江西設番、艾、餘干、南壄、廬陵、安平、新淦等縣，屬九江郡[36]。以江西如此廣大的地域，僅僅只有七縣，平均每縣控制之地達兩萬多平方公里，因而秦王朝對江西的控制也只能是點狀的，在寥寥無幾的縣城之外的廣袤地域，還是行政管轄未及的「隙地」，尚有眾多土著居住。所以，才會有秦末眾多越人隨番君吳芮起義反秦[37]。當然，隨著新縣治的設立和秦軍民的屯戍，土著必然受到越來越多的中原文化的直接影響，使部分越人逐漸模糊了族屬，而與漢人混同起來。這兩種現象的並存，正是秦漢時期江西地方歷史的基調。

西漢初年置豫章郡，江西在歷史上第一次被確立為一個較完整的行政管轄區。兩百年後，至西漢平帝元始元年（西元 2 年），全郡轄有十八縣，六萬七千四百六十二戶，三十五萬一千九百六十五口。至西元一四〇年時，有戶四十萬六千四百九十六，口一百六十六萬八千九百零六，較前分別增長了五點零二倍

36　參見許懷林《江西史稿》，江西高校出版社一九九三年版，第 21 頁。

37　《史記・項羽本紀》：「鄱君吳芮率百越佐諸侯。」同書《東越列傳》中記載此百越兵有閩越王無諸和東海王搖所統領的越兵，但也必然還有大量鄱陽、餘汗一帶的越人。

和三點七四倍，占揚州和全國的比重也大幅度上升[38]。這些不僅反映了西漢以來江西地區經濟的顯著發展，同時也反映了國家對地方控制程度的不斷加強，因為如此大量的人口增長應不僅僅是自然增殖的結果，也與很多土著成為編戶齊民直接相關。東漢末由豫章分出盧陵、鄱陽二郡，轄縣升至二十六個，既是國家對江西地方控制顯著強化的表現，也必然進一步促進土著人民的編戶化和漢化。

西漢時期贛地仍有大量越人居住。《漢書‧兩粵傳》載，長沙王吳芮所轄，「其半蠻夷」。長沙國轄地包括贛西安成（今安福一帶）。《漢書‧嚴助傳》：武帝時南海王反，「使將軍間忌將兵擊之，以其軍降，處之上淦」。南海王系越王族，轄境大約在今閩西南、粵北和贛東南一帶，上淦一說在今玉山縣東，一說在今新淦，均與贛境相關。此外當時餘干以東，尚屬閩越統治範圍。史稱：「越人欲為變，必先田餘干界中，積食糧，乃入伐材治船。邊城守候誠謹，越人有入伐材者，輒收捕，焚其積聚，雖百越，奈邊城何？」[39]今鄱陽白沙、武林和餘干一帶，即為漢閩分界[40]。直至閩越被滅，這種情況才被改變。王謨《江西考古

---

38 許懷林：《江西通史》，江西高校出版社一九九三年版，第 36-37 頁；《論漢代豫章郡的歷史地位》，《江西師範大學學報》一九九四年第 3 期。

39 《漢書‧嚴助傳》。

40 西漢時期漢閩戰爭，均以這一帶為軍事行動的始發地，關於此點，清譚瑄已有詳論，見康熙《弋陽縣誌》卷八，《叢書集成三編》，第八十二冊。

錄》卷一《新淦》：「蓋秦漢之世，豫章尚為邊郡，而漢制羈縻
蠻越，多在此處。」其說有見。

西漢中期以後，江西越人的記載很少，但這並不意味著越人
的消失。漢末東吳時期山越在江西多個地方的暴動，足見越人在
江西分佈之廣和人數之眾。兩漢國家對江西的控制仍然不是綿密
無漏的，山區的越族許多仍未被納入統治體制之內。當然，江西
畢竟與相鄰的南越、閩越、甌越不同，其已經處於中央王朝的直
接統治之下，境內越人的勢力和影響遠不能與諸越相提並論。當
諸越被西漢王朝逐步削平，江西土著越人更加速了同化過程。及
至漢末三國時期，隨著東吳對山越的大舉鎮壓和搜括，這一過程
達到了其頂點。

山越是漢末至隋唐時，對分布在蘇、浙、皖、贛、閩、粵等
地山區越人的通稱。[41]《後漢書・靈帝紀》載建寧二年（西元
169 年），「丹陽山越圍太守陳夤，夤擊破之」。《資治通鑑》是
年條下胡三省註：「山越本亦越人，依阻山險，不納王租，故曰
山越。寇擾郡縣，蓋至此始。」《三國志・吳書・諸葛恪傳》在
敘述丹陽山越時說，其地「地勢險阻，與吳郡、會稽、新都、鄱
陽四郡鄰接，周旋數千里，山谷萬重，其幽邃民人，未嘗入城
邑，對長吏，皆仗兵野逸，白首於林莽。逋亡宿惡，咸共逃
竄。」這一記載典型地說明了多數山越居於深山，置身化外的特

41　王鐘翰：《中國民族史概要》，山西教育出版社二〇〇四年版，第483-
　　484頁。

點，但也揭示了山越中其實也含有一些逋逃脫籍的漢人。

東漢後期以迄東吳，半個多世紀裡江南發生了一系列山越暴動。史稱：「山越好為叛亂，難安易動，是以孫權不遑外御，卑詞魏氏。」[42]在江西，暴動主要集中在贛北、贛東北和贛中地區，波及鄱陽、尋陽、餘干、樂安（今樂平）、上饒、西安（今武寧）、建昌（今奉新）、海昏、臨川、南城、宜春等十餘縣。暴動的人數，動輒上萬人，數萬人，甚至數萬家，累計人數竟達三四十萬之眾[43]。《三國志‧吳書‧孫皓傳》注引皓寶鼎二年（西元 267 年）詔：「立（安成）郡以鎮山越。」安成系分豫章、廬陵、長沙而設，下轄平都、宜春、新渝、安成、萍鄉六縣，則山越分佈亦及於贛西。東吳政權為平定江西山越，花費了極大氣力，如漢獻帝建安八年，「山寇復動，（孫權）還過豫章，使呂范平鄱陽，程普討樂安、建昌，太史慈領海昏，黃蓋、韓當、周泰、呂蒙等為劇縣令長，討山越悉平之」[44]。對此，本書《魏晉南北朝卷》有詳盡敘述，請參閱。

漢末東吳時期突然產生如此眾多的山越反抗，是因為長期以來，兩漢國家雖然努力增殖戶口賦稅和發展農業生產，但因控制力有限而並沒有對廣大山區越人採取強力行動，同化是以和平和漸進的方式進行，雙方遂得以相安無事。而東吳統治者為了適應

42　《三國志‧吳書‧賀全呂周鐘離傳》史評。
43　參見本書《魏晉南北朝卷》第一章第二節。
44　《三國志‧吳書‧吳主傳第二》。

戰爭需要，「帥之赴役」，斷然以武力奪其資產直至驅出山外成為編戶，納稅服役，從而導致了激烈的反抗和戰爭。

至東吳後期，江西共計有六郡五十八縣，人口在全國的比重進一步增加，這與對山越的戰爭使大量山越成為編戶直接相關。盧陵、鄱陽、安成等郡的設立，都導因於鎮壓需要。周兆望教授估計江西山越的總戶數近十萬，總人數約四十萬以上[45]，此數字約占當時江西人戶的四分之一。在秦漢四百多年的基礎上，東吳對山越的鎮壓和搜括，終於使江西地區的越人基本完成了漢化過程。故晉代以後，江西山越的記載再也未見。江西地區山越的漢化過程，較浙江、安徽等地的步伐更快，那裡關於山越的記載一直延續到南朝和唐代[46]。

4. 六朝時期的江西少數民族

東吳以後，江西歷史進程中民族因素的影響明顯降低。戰國秦漢時期贛地幾次大的事件，如秦擊南越、吳芮反秦、漢攻閩越、漢末東吳山越叛亂等無不有著濃厚的少數民族（越族）背景，此後則不然。如南朝「南川土豪」集團迅速崛起，成為梁陳間政治、軍事史上的一大事件。《陳書》卷三十五《史臣後論》：「梁末之災沴，群凶競起，郡邑岩穴之長，村屯塢壁之豪，資剽

45　見本書《魏晉南北朝卷》第一章第二節。

46　《陳書・世祖紀》：「以功授持節都督會稽等十郡諸軍事、宣毅將軍、會稽太守。山越深險，皆不賓附，世祖命分命討擊，悉平之，威惠大振。」唐代浙江、嶺南等地仍有山越，見《舊唐書・盧均傳》《新唐書・裴休傳》等。

掠以致強，恣陵侮以為大。」其中，除南昌熊曇朗外，臨川周
敷、新建（崇仁）黃法氍、南城周迪、南康蔡路養、新吳（奉
新）余孝頃等，均屬山區酋豪，余孝頃且號稱「洞主」[47]，正所
謂「岩穴之長」，但在各種史料中他們已無越族或其他民族的色
彩。

古老的越族雖然消失了，卻又有被稱為俚、僚、苗、瑤等的
少數民族出現在江西特別是邊緣山區。

《隋書·南蠻傳》概括南朝到隋時南方少數民族的情形說：
「南蠻雜類，與華人錯居，曰蜒、曰獽、曰俚、曰獠、曰㑉，俱
無君長，隨山洞而居，古先所謂百越是也。」此說當然不全，說
諸蠻都是百越後裔也不準確。大體上六朝以來，福建、嶺南和湖
南及以西的廣大地域上，由百越後裔發展而來的俚、僚諸蠻，由
苗蠻後裔發展而來的苗、瑤諸蠻，均廣見於史籍。而江西自東吳
以來雖已不是非漢民族主要聚居區，但在周邊山區還有越族後裔
存在，另一方面閩廣湖南諸蠻族因地理之便，進入江西的亦不在
少。

南朝時期江西境內有苗系蠻族居住。其時荊、雍二州蠻族最
多，尋陽沿江一帶亦有居之，稱「緣江蠻」或「尋陽蠻」，劉宋
以來，屢屢起事[48]。《隋書·地理志》：「九江、江夏諸郡多雜蠻
左，其與夏人雜居者，則與諸華不別。」表明其與漢人已近乎同

47　《陳書·周文育傳》。

48　參見本書《魏晉南北朝卷》第三章，第四節。

化，但山區情況則不盡然。南朝在蠻族地區特設左郡左縣，以加強治理。宋、齊江州有陽唐左縣，地在今黃梅縣境，可與《隋書》相印證。但梁陳不再設置，說明其確已逐漸同化。

在江西南部山區，則有俚僚進入。俚僚系嶺南駱越後裔，六朝時期廣泛分佈在嶺南各地[49]。當時嶺南俚僚多有遷徙湖南、四川者，史書中亦曾有俚僚軍隊屯住大庾嶺的記載[50]，故應有部分俚僚進入江西南部。劉宋永初二年（西元 421 年）「南康揭陽蠻反，郡縣討破之」[51]。揭陽蠻大約即是由粵北揭陽一帶遷入俚僚的一支。唐代吉州有俚僚分布，當亦六朝時期遷入者。六朝以至隋唐，嶺南、湖南一帶蠻族的陸續進入，對未來一千多年江西地方歷史產生了重要影響。

當時贛南還有一種被稱為「山都木客」的居民值得注意。「山都木客」分布在福建、江西、廣東、安徽、浙江、湖南、廣西和四川等省，尤以閩粵贛交界地區最為活躍。在各種史料中其頗為神怪，近似鬼魅猿猱，江西地區早期方志如《廬陵異物記》《南康記》等記載甚多。仔細分析這些記載，山都木客實為人類。其居於深山密林間，有樹居也有室居，少與他人接觸，身材高矮不一，能勞動，精理木器，有語言和婚喪習俗，使用樂器，

49　王文光：《中國南方民族史》，民族出版社一九九九年版，第 116-138 頁；《南朝嶺南俚僚概論》，《百越民族研究》，江西教育出版社一九九〇年版。

50　《北史·裴佗傳》。

51　《宋書·武帝紀下》。

善歌舞等。這說明六朝時期江西南部深山還有少量蠻野之民存在，他們當是古代越族原住民的後裔，只是文明程度很低罷了[52]。

5. 隋唐以來的「洞寇」和僚、瑤、畬族

隋唐時期，隨著中國經濟重心的南移，江西地區的經濟和社會在六朝基礎上快速進步，民族融合也較前進一步發展。但江西山區仍有不少少數民族如僚、瑤（徭、傜）等居住活動[53]。

唐代瑤人（莫徭）遍布湖南及嶺南北部山區，其餘緒亦入於江西。《新唐書·方鎮表五》：「置洪、吉都防禦團練觀察處置使，兼莫徭軍使，領洪、吉、虔、撫、袁五州，治洪州。」之所以兼莫徭軍使，主要是因為毗鄰湖、廣，也是因為贛西、贛南山區有部分瑤人居住活動而有防禦之責。

52　陳國強：《福建的古民族──「木客」試探》，《廈門大學學報》一九六三年第二期；蔣炳釗：《古民族「山都木客」歷史初探》，蔣炳釗《百年回眸──二十世紀百越民族史研究概述》，均載《百越文化研究》第 109-123 頁。

53　必須特別說明的是，新近的研究證明，唐宋以來江西山區的「蠻夷」如「苗」、「獠」、「傜」、「畬」等，在很大程度上並不能用當代少數民族的概念去看。因為他們常常不是一種有明確自我認同的「族群」，而可能是因為種種原因聚集在一起的「化外之民」，成分複雜。他們和漢民的本質區別，有時不完全是血緣上的，而是是否具有國家編戶的身分。許多逋逃脫籍的漢民，也因此被視為「蠻夷」，而真正的蠻族被納為編戶服役納租後，也就成為「省民」而淡化了蠻族的身分。關於這一問題，請參黃志繁《「賊」「民」之間：十二至十八世紀贛南地域社會》一書（三聯書店 2006 年版）。本文作為概述性文字，不能詳細就此加以論說，但上述觀點無疑對深化江西古代民族史的認識具有重要意義。

《資治通鑑》卷二五五僖宗中和二年（西元 882 年）：「王仙芝寇掠江西，高安人鐘傳聚蠻僚，依山為壘，眾至萬人。」鐘氏據江西三十餘年，受封南平郡王。其所用蠻僚，可知的如彭玕「本赤石洞蠻酋」[54]，鐘傳用為吉州刺史。此前文宗太和（西元827-西元835年）中江西觀察使裴誼「奏吉州破赤石、徐莊等洞賊，戮殺擒獲共二百三十四人，收賊柵七所，器械三千二百三十事，水陸田四百頃，牛馬等四百七十四頭」[55]。這些記載說明唐代吉州等地有僚人居住於山區，而且人數似不少。

及至宋代，江西地區的瑤、僚民族及其勢力並未明顯衰減，贛西、贛南山區尤多聚居。如南安「元僚峒丁，與省民錯居」[56]。所謂峒（洞），指山間適宜生產和居住的小盆地，「宋代溪峒一辭多指作蠻夷或其居住地，以與漢人居住的省地有所區別，因此省民十之八九應是漢人，峒民十之八九多屬蠻夷」[57]。北宋人稱「江西號難治，惟虔與吉為最，其所以難治者，蓋民居深山大澤，習俗不同」[58]。這一評說很值得注意，其不僅說明虔、吉二州是宋代動亂較多之地，而且點明原因是「民居深山大

54　《資治通鑑》卷二六五，昭宗天祐三年（906 年）。

55　《冊府元龜》卷六九四，《武功》。

56　方大琮：《啟南安余判官》，《鐵庵集》卷九。轉引自黃志繁《宋代南方山區的峒寇——以江西贛南為例》，《南昌大學學報》二〇〇二年第三期。

57　李榮村：《溪峒溯源》，台北《國立編譯館館刊》一九七九年第一期，轉引自上引黃志繁文。

58　段縫：《永豐縣署記》，光緒《江西通志》卷六八，《建置》。

澤，習俗不同」，即異族較多的緣故。

　　南宋時期，江西周邊之閩、廣、湖南，「峒寇」成為大患，江西亦深受影響。較大者如嘉定年間郴州黑風峒瑤李元勵之變，「禍連江西吉、贛四府」[59]，「江西列城皆震」[60]，朝廷調集荊、鄂、江、池四州軍隊進討，費時三年才得平定。其所以深入江西，則為江西西南部僚、瑤居民較多，聲氣互通之故。其時江西境內的虔州、南安、吉州、建昌諸州軍，亦頻有「峒寇」起事[61]。尤其是高宗建炎、紹興間，「虔州、吉州之境，盜賊群起，吉州則彭友、李動天為之魁，以次首領，號為十大王。虔州則陳顒、羅閒十等各自為首，連兵數十萬，置寨五百餘所，表裡相援，扞拒官軍，分路侵寇循、梅、廣、惠、英、韶、南雄、南安、建昌、汀、潮、邵武諸郡，縱橫往來，凶焰方赫」[62]。朝廷先後派遣岳飛、趙鼎、李綱等大將重臣臨之，才將大亂弭定[63]。

59　葉適：《寶謨閣待制知隆興府徐公（誼）墓誌銘》，《水心集》卷二十一。

60　《宋史・王居安傳》。

61　如：「（建炎中）江西峒寇李鐵面乘亂擾虔」（雍正《江西通志》卷九十四，《人物》）；「紹興間，（武功山）洞寇猖獗」（同上卷八，《山川》）；「宋紹定戊子，南安洞寇作亂，民苦竄徙」（同上卷六，《城池》）；「淳祐間，洞獠猖獗，（新淦縣）知軍雷應春以築城請於朝」（同上卷五，《城池》）；南宋末，瑞金令劉弁「築城建學，以平洞寇功改京秩」（同上卷六十五，《名宦》）。

62　岳珂：《金陀粹編》卷五，《行實編年》卷二。

63　參李堅、宋三平《試論宋高宗初年贛閩粵交界地區的動亂》，《南昌大學學報》二〇〇五年第六期；黃志繁：《「賊」「民」之間：十二至十八世紀贛南地域社會》第二章。

另理宗時贛州陳三槍起事，「出沒江、閩、廣間，勢甚熾」[64]，一時「汀、贛、吉、建昌蠻獠竊發」[65]，前後歷時十年。這些起事不完全是蠻獠反叛，但有不少屬於蠻獠則無問題。

宋末元兵南下，江西南部山區少數民族積極參與抗擊元軍。文天祥在贛州知州任上，「使陳繼周發郡中豪傑，並結溪洞蠻，使方興召吉州兵，諸豪傑皆應，有眾萬人」[66]。天祥妹婿彭震龍亦「結峒獠起兵，天祥兵出嶺，震龍接應，復永新縣」[67]。元代峒獠仍然起事不斷[68]，故世祖時因「吉、贛、湖南、廣東、福建，禁弓矢，賊益發」[69]，立法懲治失職官員。《元史・刑法志》：「諸湖南、北、江西、兩廣接境溪洞蠻獠竊發，諸監臨禁治不嚴及故縱者，軍官笞三十七，管民官二十七，並削所受階一等，記過。」足見當時上述地區民族問題的嚴重。

宋元時期的瑤、獠民族，已有混同趨勢，各種史料中相雜難別，而這一時期又出現了畬人的記載。

一般認為，畬族出自苗蠻，和瑤族關係密切。「瑤、畬本同

64　《宋史・許應龍傳》。
65　《宋史・理宗紀一》。
66　《宋史・文天祥傳》。
67　《宋史・忠義傳》。
68　如雍正《江西通志》卷七十六《人物》：「李廉，字行簡，至元進士。仕贛州路信豐縣令。元季兵亂，洞獠時出剽掠，廉立伍保相守，境以寧。」同書卷一〇〇《列女》：「至元壬午，葫蘆洞寇猝至（南豐）。」卷一三七《藝文》引羅倫《譚節婦詩序》：「（元末）苗獠入（永新）城。」
69　《元史・世祖本紀》。

根於盤瓠蠻、長沙武陵蠻。以湘南為基地向東進入贛、粵、閩三省交界者為畬，逾嶺進入粵北、桂北者為瑤。其後畬人擴展至閩東、浙南，瑤人則從兩粵北部向西、向南發展。這就是構成了今日瑤、畬分布的總體格局」[70]。也有學者認為，畬族應是古代百越的後裔[71]。唐代畬族先民已分佈在閩、粵、贛交界地區，與傜、僚等混雜難分，然尚無稱畬者[72]。南宋劉克莊《後村先生大全集》卷九十三《漳州諭畬》載：「凡溪洞種類不一，曰蠻、曰傜、曰黎、曰蜑，在漳者曰畬」，「（西、南）二畬皆刀耕火耘，崖棲谷汲，如猱升鼠伏，有國者以不治治之。畬民不悅（役），畬田不稅，其來久矣」，「余讀諸畬款狀，有自稱盤護孫者」。此為畬族首見於史籍者。

《漳州諭畬》又云：「西畬隸漳浦，其地西通潮、梅，北通汀、贛」；「汀、贛賊人畬者，教以短兵接戰，故南畬之禍尤烈」。據此，當時南贛地區已有畬人。將劉氏所述和理宗時「汀、贛、吉、建昌蠻獠竊發」的記載對照來看，可知這次「蠻獠」起事其實與畬人有密切關聯。

70　參見吳永章《瑤族歷史研究中若干重要問題新說》，《民族研究》一九九九年第二期。

71　參見吳宗慈《江西明清兩代之民族問題》，《江西通志稿》第三十八冊；蔣炳釗《畬族史稿》，廈門大學出版社一九八八年版；《畬族族源初探》、《關於畬族來源問題》、《閩粵贛交界地是畬族歷史上的聚居區──兼論畬族族源問題》，後三文俱見《東南民族研究》一書。蔣說論證較有根據，值得注意。這個問題還應繼續討論。

72　畬族簡史編寫組：《畬族簡史》，福建人民出版社一九八〇年版，第11頁。

元代，閩粵贛三角區域畬民眾多，號稱難治。《元一統志》卷八《汀州路》：「汀之為郡……西鄰贛，南接海湄，山林深密，岩谷阻竅，四境椎埋頑狠之徒，黨與相聚，聲勢相倚，負固保險，動以千百計，號為畬民。」其時三省邊界畬民暴動屢發，如福建漳州陳吊眼、建寧黃華、汀州鐘明亮起事，「寇贛州、掠寧都」，「擁眾十萬，聲搖數郡，江閩廣交病矣」[73]。又如《元史・世祖紀》：「（至元二十五年）汀、贛畬賊千餘人寇龍溪，皆討平之。」劉壎《平寇碑》：「（至元二十六年）邱元起廣昌，與（鐘）明亮掎角，遂及南豐，勢張甚。」[74]可以斷言，元代江西的「蠻獠」、「洞獠」起事中，其實不少屬於畬族民眾。

到明代，江西周邊山區依然有不少少數民族活動其間，但僚、瑤等名稱逐漸淡出，畬民的活躍和多事則更加引人注目。前者的淡出，和漢化或畬化有關，後者的活躍，則與閩、粵等地畬民大量遷徙入贛相關。

明代江西多個地點有畬人分布，但最集中的仍是贛南山區。嘉靖間，為平定廣西瑤民起義，王守仁曾請調汀、贛畬兵前往鎮壓。緊接粵北的南安府，歷來多畬，明代又有畬民從廣東遷入，大庾、南康、上猶三縣尤多。王陽明《桶崗和邢太守絢》：「處處山田盡入　（畬），可憐黎庶半無家。」又《立崇義縣治疏》：「其初畬賊，原系廣東流來。先年奉巡撫都御史金澤行令，安插

73　紀昀：《參政隴西公平寇碑》，《四庫全書》集部《水雲村稿》卷二。
74　雍正年《江西通志》卷三一，《武事三》。

於此，不過斫山耕活，年深日久，生長日蕃，羽翼漸多，居民受其殺戮，田地均被其占據。又且潛引萬安、龍泉等縣避役逃民並百工技藝游食之人，雜處以內，分群聚堂，動以萬計。」[75]因平原地區早已為土著占據，畬人「但求山地以施其刀耕火種之勤」[76]，「故峭壁之 ，平常攀越維艱者，畬客皆開闢之」[77]。他們的遷入和墾殖活動導致了山區的不斷開發，由此也引起了官府、豪強的限制和壓迫，從而引發了眾多起義。故明代江西及數省交界山區動亂不斷，實際上是移民運動、山區經濟發展和王朝試圖對之加強控制等諸多因素的產物。

因為贛南和福建、廣東、湖南交界地區正是少數民族居住較多、起事頻繁的所謂「盜藪」，弘治年間專門設立南贛巡撫，以加強對這一區域的統治。但這仍然未能扼制南贛畬漢農民大起義的爆發。《明武宗實錄》卷一六四正德十三年（1518 年）七月己酉：「江西、廣東、湖廣之交，溪峒阻深，江西上猶等縣輋賊謝志山等據橫水、桶崗諸巢，廣東龍川縣池仲容據三縛頭諸巢，與瑤賊等聯絡，亙千百里，時出攻剽，勢甚猖獗。」《王文成公全書》卷一〇《橫水桶岡捷音疏》：「其大賊首謝志珊、藍天鳳各又自稱盤皇子孫，收有流傳寶印畫像，蠱惑群賊，悉歸約束。」謝志珊號征南王，下設總兵等官，九溪十八洞悉聽約束。義軍設

75 王守仁：《王文成公全書》卷一〇。
76 吳宗慈：《江西明清兩代之民族問題》，《江西通志稿》第三十八冊。
77 參見胡先 《浙江溫州處州間土民畬客敘略》，《科學》第七卷第三期，一九二三年。

營寨八十餘處，擁眾數萬，聲勢浩大。明王朝任命王守仁為南贛巡撫，節制贛、粵、閩、湘四省八府一州之兵，採取剿撫並舉的方針，才把這次起義鎮壓下去。隨之，明王朝在橫水設崇義縣，以進一步加強對南贛山區的控制。南贛農民起義是明代規模和影響較大的一次農民起義，也是江西歷史上繼山越暴動之後又一次有大量少數民族參加的農民起義。

明代聚居於閩浙贛交界區域的畬民，部分逐漸向閩中、閩東、閩北、浙南和贛東北等地移動。正德年間，贛東北發生了畬民王浩八領導的姚源暴動。姚源位於鄱陽、餘干、樂平、貴溪、安仁（今餘江）五縣交界，山深林密，多有畬民和逃亡農民求活其中。正德三年（1508 年），王浩八起義，數月眾至萬人。明軍調集大量軍力，至正德八年（1513 年）才將起義鎮壓下去，並設立萬年縣以為鎮撫，防止畬漢民眾再次起事。

明代山區的民眾起義還有不少。如成化間，贛州「南村洞寇李福正剽掠殺人，出沒汀、邵間」[78]。「崇禎壬申，虔中九連峒寇掠吉安，焚崇仁，將由新城返峒，一縣盡走」[79]。這些「洞（峒）寇」是否屬於畬民起事不太清楚，但至少有其參與。不過總的來說，明後期以來畬族等少數民族起事的記載逐漸減少。正如吳宗慈所說：

78　雍正《江西通志》卷六五，《名宦》。
79　雍正《江西通志》卷一六一，《雜記》。

畲徭之患，在江西經明正德王守仁痛剿後，其勢大衰。入清以來，在各志書中，雖偶有記載，然皆以峒寇目之。既未斷言其為畲族之遺，而亦無大宗為患者矣。

江西境內今已無畲民一名詞。大約經守仁用兵後，大部分遷徙臨近之區域，如粵、如閩、如湘，皆其退藏之地。[80]

清初清兵入贛之後，江西「山寇蜂起」，各種「洞賊」、「土賊」充滿記載，但確實難見明確為畲民者[81]，可證吳氏判斷大體不誤。許懷林教授曾經論及，明代中後期以來，隨著交通改善，經濟發展，縣治增設，國家對地方社會的控制、中央集權的強化和文教事業的發展，使得贛南和大三角地區的「眾多畲、瑤等少數民族成員加快漢化，增添了漢民族的新鮮血液。這片山區的儒家文化積澱深厚了，人們與傳統中國的社會風尚的對接也就更自然了」[82]。這一論述是符合實際的。也正是在這一過程中，江西的廣大山區也最終被完全納入王朝的有效控制之下。

當然，吳宗慈關於近代江西無畲民的說法不夠準確。現代江西的若干山區仍有畲民聚居，主要分布在贛州（52698 人）、吉安（9841 人）、上饒（8176 人）等地[83]。另外畲民也未必是大部

80　吳宗慈：《江西明清兩代之民族問題》，《江西通志稿》第三十八冊。

81　參謝國楨《清初農民起義資料輯錄》一書中有關江西部分，上海人民出版社一九五七年版。

82　《走近客家——「南遷說」質疑》，陳世松主編《移民與客家文化國際學術研討會論文集》，廣西師範大學出版社二〇〇五年版。

83　江西省民族宗教事務局網站，www.jxmzj.gov.cn：8081。

退走境外，應有很大部分同化於漢人。但明代以後畬民「其勢大衰」，人數和影響顯著下降則是事實。

6. 關於「客家」問題

客家屬於漢族內部的一個民系，按理不應在談民族時敘及。但因為客家在一定意義上乃是江西古代民族史的一個歸宿，所以最後略做敘述。

學術界公認，閩西、粵北和贛南交界這一大三角區域是客家的發源地和主要聚居區。其他地方的客家，均系明清時期由此外遷徙而至。羅香林先生在《客家源流考》一書中確定純客住縣三十三個，非純客住縣一百四十四個，純客縣均分布在這一區域內。據統計，江西現代純客住縣市十八個：寧都、石城、安遠、興國、瑞金、會昌、贛縣、于都、銅鼓、尋烏、定南、龍南、全南、信豐、南康、大余、上猶、崇義等縣市；非純客住縣二十個：廣昌、永豐、吉安、吉水、蓮花、泰和、萬安、遂川、井岡山、寧岡、永新、萬載、萍鄉、宜豐、奉新、靖安、高安、修水、橫峰、武寧等，客家總人口一千兩百五十萬人[84]。江西的純客縣，也全部在南部的贛州市範圍內。贛州市現在總人口七百一十萬，其中客家人約六百八十萬，占總人口的百分之九十五，可以說是純客地級市[85]。

84　吳福文：《客家人在世界各地的分佈》，新華網江西頻道 www.jx.xinhuanet.com。

85　胡希張、莫日芬：《客家風華》，廣東人民出版社一九九七年版，第77頁。

眾多的客家人，按照以往的說法，皆來自歷代南遷的中原士族。此說的代表有清代的徐旭《豐湖雜記》（1808），羅香林的《客家研究導論》（1933），張衛東的《客家文化》（1991）等。這一看法的主要依據，是客家的族譜資料[86]。但近十多年來，越來越多的研究表明，客家民系內包含著少數民族的血統和因素。

　　一九九四年，嘉應大學的房學嘉教授在《客家源流探奧》（廣東高等教育出版社）一書中提出：「客家人並不是中原移民。他既不完全是蠻，也不完全是漢，而是由古越族殘存者後裔與秦統一中國以來來自中國北部及中部的中原流人，互相混化而成的人們共同體……客家共同體在形成的程序中，其主體應是生於斯長於斯的本地人。」他認為，南朝末年，南遷的中原人與閩粵贛三角地帶的古越族人民共同構成的客家共同體初步形成；隋唐至五代，客家共同體的進一步漢化；到宋元時期，客家共同體登上歷史舞台。房學嘉教授的許多具體論述雖可商權，但他的主要論點即強調客家的本土起源卻具有難以否認的重要價值。

　　目前，客家民系確有土著少數民族成分的說法得到了大多數學者的肯定，只是對其比重和評價略有差異而已。如有的學者認為，客家文化是南遷的漢人，以其人數和經濟、文化優勢同化當地居民，又吸收了原住民固有文化而形成的一種新型文化，謝重

86　關於客家源流的不同觀點，參考了蔣炳釗《試論客家的形成及其與畬族的關係》《客家文化是畬、漢兩族文化互動的產物》等文，見《東南民族研究》；房學嘉等《客家文化導論》第一章、第五章，花城出版社二〇〇二年版。

光《客家源流新探》（1995），蔣炳釗《東南文化研究》均持此說。有的學者則主張客家是多民族的混合體，如陳支平《客家源流新論》（1997）等。他們都強調了客家的形成與土著少數民族密不可分的事實，並有著比較充分的論證和證據。

綜合各家的研究成果，主要居住在閩、粵、贛邊境地區隨後擴散到南中國較廣大地域的客家民系，是部分南遷的漢族民眾和原居上述邊境地區的土著少數民族主要是畬、瑤族融合而成的。如蔣炳釗《試論客家的形成及其與畬族的關係》《客家文化是畬、漢兩族文化互動的產物》等文從語言的互相混合、畬族修譜之風盛行、畬族服飾對客家人的影響、山歌是畬族和客家共同的文化特色、客家與畬族同風同俗等五個方面論證了兩者間的關係，結論是，客家民系是漢族移民在特定的地域、特定的時間與特定的民族即畬族的密切關係中發展形成的。蔣氏的論證是有說服力的，也和現代科學的研究成果相吻合：近年根據父系遺傳的 Y 染色體 SNP 的主成分分析證明，畬族在客家人群中是僅次於漢族的構成因素[87]。

這一過程的完成當是在宋明時代特別是明中期以後。明代一方面隨著區域經濟的發展和人口的增長，越來越多的漢族農民進入山區墾殖，另一方面，明王朝又採取一系列措施對畬民等少數民族進行限制、壓迫和鎮壓。畬族等少數民族遂主動或被動地逐

87　參見李輝、潘悟云等《客家人起源的遺傳學分析》，《遺傳學報》第三十卷，二〇〇三年第九期。

漸依附漢姓，從而導致客家地區畬族的族性迅速走向消失。以致有清一代直至民國時期，地方文獻資料裡面已不多見關於畬民的記載，在廣大的客家地區，也罕有完整的畬族村落。這表明，漢畬民族融合最後完成，客家文化形態已完全成熟[88]。上面我們說到明代後期畬民逐漸漢化，從地域、語言、習俗等諸多方面來看，這種漢化的過程在很大程度上也即是客家化的過程。

因此，客家的出現和擴展，實際上是江西乃至更大區域的民族歷史長期演進的產物，也是江西南部邊緣山區及周邊相關地域土著少數民族最終漢化的體現[89]。

四　江西歷史的若干特點及啟示

江西歷史特別是數千年的文明史，內容極其豐富，景物氣象萬千。那麼，江西歷史具有一些什麼樣的基本特徵？這些特徵對於江西的歷史有怎樣的深刻影響，對於今天的人們又具有怎樣的啟示？這是導論最後要敘述的問題。

首先，從上古到近代的江西歷史，最主要的特徵或最基本的

88　參見羅勇《江西贛南客家》，見《客家贛州》，江西人民出版社二〇〇五年版。

89　明清時期贛南等地山區開發、移民與同化是形成客家區域性認同的重要基礎，但是，客家的形成當然並不僅僅是江西的事情，也不僅僅是簡單的地域民族融合。客家民系的形成，在很大程度上還是晚清梅州等地人口大量外遷引起的與廣府人之間族群衝突而導致的區域性認同發展的結果。此問題請參程美寶《地域文化與國家認同——晚清以來「廣東文化」觀的形成》，《中國社會科學季刊》（香港），一九九八年夏季卷，總第二十三期。

趨勢，或許可以用兩句話來概括，即「從邊緣到中心，從中心到邊緣」。具體地說，江西古代歷史的基本脈絡，是從中國經濟文化的邊緣地帶逐步演進為中心區域，而近代，則是從中國經濟文化的中心區域退行至相對邊緣的區域，這是江西歷史的一條基本線索。

就上古較早時期而言，中國大陸本無中心和邊緣之分。古人類的活動和文化分散在許多地點緩慢發展，雖然存在著一定程度的相互交流與影響，但在自然、技術和發展條件的限制下，在一個很長的時期內並沒有形成具有較大地域的強勢文化或起支配主導作用的文化，也就無所謂文化的中心與邊緣。這種情況到舊石器晚期和新石器時代發生了明顯變化。至距今五、六千年前，在黃河中下游、遼河上游和長江下游等地區，一些古方國和文明中心逐漸出現，呈現了「滿天星斗」式的文明起源圖景。尤其是在黃河中下游地區，經過所謂五帝時期也即是中國的酋邦時代的過渡，最終形成了中國最早的王朝——夏王朝。夏、商、周時期，中原王朝日益壯大，不僅無可動搖地成為「天下共主」，也成為強大的文化影響和傳播中心。至此，在古代中國以至東亞大陸，也就形成了以中原為中心的華夏文明圈。西周以上，王朝統治區域內有內、外服的區分，而影響所及則更為廣遠，貢納而來者北至肅慎，南至越裳。秦統一後，帝國的政治、經濟、文化中心處在黃河中游地區，其各個方向上的臨邊郡縣環拱中原，處於相對邊緣的地位。而帝國疆域以外，則又有受到中原文明影響的廣大區域，其中不少在其後的歷史時期中隨著中央王朝的擴張陸續成為「化內」之地。無疑，大部分文化邊緣區域在中原文明的改造

或浸潤下文化趨於同化或接近，但只有部分地區能夠在這一過程中反客為主，最終取代中原成為華夏經濟和文化的中心地區。而江西，正是這不多的區域之一。從「蠻荒之地」、「鄙薄之域」，到「物華天寶，人傑地靈」的形勝之區，這一過程在前面敘述江西歷史分期時已有概括，下面也還要談及，本書各卷更有詳盡的敘述，這裡不做詳論。

近代以來，江西歷史地位變遷的總趨勢，則是從中心退行至相對邊緣。周振鶴教授在《中國歷史文化區域研究》一書中曾把數千年來中國區域歷史變遷的大勢概括為「從北到南」和「自西徂東」八個字。「從北到南」即中國經濟文化中心從黃河流域轉移至江南，而所謂「自西徂東」，則是指隨著西方列強用戰爭打開中國大門，資本主義的工業文明直接與中國傳統農業文明發生撞擊，中國沿海地區在外力作用下，成為中國最早發生近代化進程的區域。近代工商業、西式教育、書報傳媒、新型知識分子等等率先在沿海城市和東部地區發生發展起來，使之成為中國近代經濟和文化的中心區域和發展引擎，而中國的中部和西部則還較長久濃厚地保持著傳統的經濟與社會結構。中國傳統社會最為重要的南北分野，遂因此被近代的東中西部的劃分所取代。

進入近代，由於歷史上「一口通商」格局的徹底打破，使贛江—大庾嶺商道逐漸廢棄，江西從歷史上的通衢要區一變而為封閉的內陸省份。因社會矛盾激化而爆發的太平天國戰爭，在贛地反覆爭戰，江西生命財產損失極其慘重，「甲於天下」的釐金及捐納等更成為江西經濟與社會發展的桎梏。又由於江西長期以來處於傳統文化的中心區域，士紳民眾以「文章節義」相尚，排斥

近代文化較甚，嚴重制約了江西近代化的步伐。江西面臨著傳統經濟模式難以維繫和近代工商業舉步維艱的雙重難境。江西近代經濟和社會地位的衰落，表現在自然經濟的重新強化，以及傳統農業、手工業、商業經濟整體的不景氣，但更重要的則是近代工業的發展緩慢與弱小。江西的各主要近代工業的出現，均較東部省份要晚數年到十數年[90]。從這一意義上說，近代江西的停滯落後主要是與東部相比較而言的，因此本質上並非傳統經濟的絕對衰落，而是近代化進程中的顯著落伍。與此同時，江西一向引以為豪的發達的傳統文化，也明顯地走了下坡路，人文的總體狀況從各省前茅逐漸降至中等，終未能進入文化地理學者所謂「東南沿海新月形文化帶」。正如有學者所言：「概括而論，自南宋而至元、明的五百年間，南方文化的密集區在江、浙、贛地區；清代兩百六十多年，江南各地文化雖然都有所發展，但江西學風衰減，文化密集區收縮到作為極核的江、浙地區；清滅以來的近百年間，在江南各省文化普遍發展的同時，南方文化的相對密集區以江、浙為源地，順沿海岸帶疾速向閩、粵方向擴展，最終形成了近代的東南沿海新月形文化帶。」[91]

其次，江西在中國古代歷史上具有重要地位。相當長的歷史

90　參見何友良《近代江西落後論》，《爭鳴》1993 年第 3 期。

91　王會昌：《中國文化地理》，華中師範大學出版社一九九二年版，第 158 頁。據該書統計，明代江西學風最盛，人才占全國人才總數的百分之二十，占南方七省的百分之二十四，然而清代江西人才只占全國的百分之二點四，占南方十省人才的百分之二點九。

時期內，江西一直是中國經濟和文化的中心區域之一，真正可稱為「物華天寶，人傑地靈」。

最晚從唐代中期以來直至清前期，江西一直是中國最重要的農業、手工業生產基地和經濟最為發達的區域之一。從若干最重要的方面看，論糧食生產，如《新唐書・食貨志》說，到唐代後期，「每歲縣賦入倚辦，止於浙西東、宣歙、淮南、江西、鄂岳、福建、湖南等八道」；北宋江西「賦粟輸於京師為天下最」[92]，南宋更有三分之一漕米取自江西；明清時江西負擔的賦糧常在百分之十至二十，在各省中通常在前三位以內，又是長江下游各省和閩、廣商品糧的主要供應地。論經濟作物，江西茶課唐代時占百分之三十，宋代時占百分之二十六至三十，明清亦為主要產地，其他如竹木、煙葉、藍靛、甘蔗、油茶、水果等生產也均占重要地位。論手工業，江西早已是中國古代重要的銅礦和冶煉基地，商代瑞昌銅嶺銅礦是中國已知最早的古銅礦；唐代銅礦開採已有較大規模；宋代鉛山場為全國三大銅場，永平、永豐兩監「當諸路鼓鑄之半」，並發明了「膽水煉銅」的獨特方法；明代鑄錢一度達到全國的三分之一以上。其他如紡織、製瓷、造紙、造船、刻書等亦甚為發達，製瓷更是獨步天下，無出其右。所以，被譽為「十七世紀中國工藝百科全書」的《天工開物》和宋應星出現於江西，實非偶然。論商業，江西農業、手工業的高度發達和良好的區位、交通條件，使唐宋以來江西商業亦屬前

92　曾鞏：《洪州東門記》，《曾鞏集》卷一九。

列。明代「江右商」「行商之跡，幾遍天下」[93]，與山西晉商、安徽徽商等成為國內主要商幫，以至有「作客莫如江右」和「無江西不成買賣」的評價和俗諺[94]。論人口，唐元和年間（西元806-西元820年），江西戶數已經占到全國的百分之十二點三七，宋代戶口占全國百分之九點八至十七點八九，元代更高達百分之二十點八四（戶）、百分之二十四點二三（口），明清江西人口在全國的比例有所下降，但絕對數仍然為全國前列。咸豐元年（1851年），江西人口達到兩千四百五十一萬，仍居全國各省第八位。因此，說江西是唐代中期以迄清代中期中國經濟中心區域或最重要的經濟支柱省份之一，應該不是誇大。《清史稿・食貨志》說：「天下財賦，惟江南、浙江、江西為重。」正道出了江西的這一特別重要的地位。

從唐代中期以來，江西還是中國古代文化最為發達的省份之一。早在上世紀三〇年代，一位叫朱君毅的學者在丁在君、梁啟超、丁文江等人的研究基礎上，對中國歷代人物的地理分佈進行了較深入的研究。他根據二十四史列傳和《國朝耆獻類征》《清史列傳》及《中國名人錄》《中國年鑑》等資料，統計了從漢代一直到一九二九年各省人物情況並加以排序。根據他的研究，江西在西漢時期人物排在第十四位，東漢第十二位，唐代第十三

93　龔柴：《江西考略》，《小方壺齋輿地叢鈔》第一帙。

94　王士性：《廣志繹》卷四《江南諸省》；周希陶《重訂增廣》，岳麓書社一九九七年版，第90頁。

位，北宋第九位，南宋第三位，明代第三位，清代第十位，民國十五年（1926 年）以前第九位，二〇年代後期則在九至十三位之間[95]。也就是說，江西在漢代以來的中國歷史上，人文地位雖有起伏，但始終處於中上的位置。特別是宋代以來，江西已是中國封建社會後期的文化中心地區之一。楊萬里說：「竊觀國朝文章之士，特盛於江西。如歐陽文忠公，王文公，集賢殿學士劉公兄弟，中書舍人曾公兄弟，李公泰伯，劉公恕，黃公庭堅，其大者故經義足以名世，其餘則博學多識，見於議論，溢於詞章者，亦皆各自名家，求之地方，未有若是其眾者。」[96]以最能反映古代社會人文成就的科舉和仕宦來說，江西自隋唐到清代廢除科舉，共有進士一萬零五百零六人，占全國進士九萬八千六百八十九人的百分之十點七，其中宋代進士五千一百四十五人，居全國第二；明代進士三千一百一十四名，居全國第三；清代進士一千九百一十九人，居全國第五。又全國總計有狀元四百九十四人，江西四十人，占百分之八點零九，居全國第五位，而宋、明兩代江西狀元共三十人，僅次於浙江居第二[97]。另外自唐至清，江西人任宰相者二十八位，副宰相者六十二位，「二十四史」立傳者五百餘人[98]。這一數字，也是在前幾位的。與此密切相關的，是

95　《中國歷代人物之地理的分佈》，中華書局一九三一年版。

96　《誠齋集》卷一三三。

97　胡兆量：《中國文化地理概述》，北京大學出版社二〇〇六年版，第192頁。

98　周鑾書：《江西歷史文化的遺存和弘揚》，《江西方志》二〇〇五年第三期。

唐代以來江西教育的極為發達。唐代書院興起於江西，宋元明三代，江西的書院數量均為全國第一，占全國的百分之二十至三十[99]。數量之眾，實為他省所不及，更有像白鹿洞書院這樣被譽為天下四大書院之首的著名學府。而在江西民間，「家家生計只琴書，一郡清風似魯儒」[100]；「小兒不問如何，粗能讀書，自五六歲即以此教之五經」[101]；「閭閻賤品，力役之際，吟詠不輟」[102]之類的記載不勝枚舉。如此濃厚的學風，更充分反映了江西教育的發展，而這正是古代江西人才眾多的重要基礎。

更重要的是，江西歷史上不僅人才眾多，而且為華夏奉獻了一大批第一流的人物。以節義論，有徐稚、胡銓、洪皓、文天祥、江萬里、謝枋得等；以政治論，有陶侃、歐陽脩、王安石、周必大、文天祥、程鉅夫、楊士奇、解縉、黃爵滋、陳寶箴等；

---

99 曹松葉《宋元明清書院概況》（《中山大學語言歷史研究所週刊》第十輯）：「歷宋元明三代，江西的書院之數均為全國第一。宋時一二五所，占全國總數的百分之三十一；元時五十九所，占全國總數的百分之二十六；明時二五一，占全國總數的百分之二十。」轉引自曾大興《中國歷代文學家之地理分佈》，湖北教育出版社一九九五年。按：曹氏的研究現在看來遠非完備，如近年根據劉錫濤的研究，宋代江西書院至少在二六四所以上（《江西宋代人才地理研究》，《井岡山學院學報》2006 年第 1 期）。明代江西書院見於記載的也有千餘所，實際還遠不止此數，如在樂安縣流坑村的調查發現，僅萬曆年間該村就有書院、學館二十六所（見周鑾書《江西歷史文化的遺存和弘揚》，《江西方志》2005 年第 3 期）。

100 韋莊：《袁州作》，《全唐詩》卷六九八。

101 葉夢得：《避暑錄話》捲上，《饒州》。

102 王象之：《輿地記勝》卷三一。

以文學論，有陶淵明、晏殊、歐陽脩、曾鞏、王安石、黃庭堅、楊萬里、湯顯祖、蔣士銓等；以史學論，有歐陽脩、劉恕、劉邠、樂史、徐夢莘、徐天麟、馬端臨、虞集、揭傒斯、陳邦瞻、陳寅恪等；以哲學論，有周敦頤、朱熹、陸九淵、李覯、吳澄、吳與弼、羅欽順、羅汝芳、羅洪先、何心隱等；以科學論，有曾安止、張潛、宋應星、朱思本、徐九思、徐貞明、齊彥槐、江永、喻嘉言、雷發達等；以藝術論，有董源、徐熙、范寬、黃庭堅、周德清、朱權、朱載堉、魏良輔、朱耷等；以宗教論有張盛、許遜、陸修靜、慧遠、行思、良價、懷海、歐陽竟無等等，他們在各個領域裡為中華文化的發展昌大作出了偉大貢獻，留下了自己的鮮明印記，有如燦爛群星，輝映華夏。這是江西的驕傲，更是中華民族的驕傲。「江西素號人物淵藪」[103]，歐陽脩所謂「區區彼江西，其產多材賢」[104]，確實不是自誇。江西無疑是中國封建社會後期的文化中心區域之一，如果中華文明史上沒有江西，實在是不可想像的事情。

當然，說江西是中國古代最重要的經濟、文化中心區域之一，有著三方面的限制。從時間上看，江西成為中國經濟文化中心區域主要是在中國封建社會後期特別是宋明時期。此前江西尚屬經濟和文化上相對邊緣的地區，近代以來江西在中國經濟社會大格局中的地位又逐漸下降。從空間上看，在唐代以來中國經濟

---

103 黃榦：《復江西漕楊通老》，《勉齋集》卷八。
104 《送吳生（孝宗）南歸》，《居士集》卷七《古詩二十二首》。

中心南移的大背景下，南方的江浙、皖南、福建、兩湖地區，經濟文化均有巨大發展，尤其是江浙兩省，與江西相比，如果說宋明時期尚可稱旗鼓相當的話，至清代，江浙在經濟、文化方面的優勢便已極其顯著。其既是南方經濟的「極核」，更是中國人文的淵藪。其中江蘇又尤為人文之冠，據統計，清代江蘇人才數量是黃河流域六省（直隸、山東、山西、河南、陝西、甘肅）人才總數的兩倍，占全國的百分之三十二點五，為南方十省的百分之三十八點八[105]。從層次上看，除了南唐時期極短暫地一度成為國都外，江西從來不曾是中國的政治中心，江西作為中國封建社會後期經濟和文化的中心區域之一，從未與中國的政治中心重合過。這表明，長期以來江西一直是作為中國封建專制主義中央集權國家的基礎性和從屬性地域而存在的。古代歷史上江西一向與中央王朝關係密切，具有很強的向心力，少有割據，也較少排斥外來文化，反映的也是同一實質。

第三，雖然江西在近代經濟和社會發展進程中，地位有所下降，但卻成為中國共產黨領導的新民主主義革命的搖籃和主要區域，從而對中國近代史產生了重大影響，這是江西又一重要的歷史地位和貢獻。

近代以來區位優勢喪失，傳統經濟結構逐漸解體，社會矛盾趨於激化，這是江西的不幸。但也正因此，二十世紀二、三十年

---

105 王會昌：《中國文化地理》，華中師範大學出版社一九九二年版，第168頁。

代的江西成為中國共產黨領導的紅色革命的中心區域。革命是江西人民迫切希望改變苦難深重的現實以及近代以來江西區位和經濟邊緣化的產物，因而是江西人民的一種選擇和為實現近代化作出的一種特殊努力。

江西是中國工人運動的發源地，在毛澤東、劉少奇、李立三等老一輩無產階級革命家直接領導下，安源工人運動成為中國共產黨領導的最早也最成功的工運典範。江西是人民軍隊的誕生地，一九二七年八月一日，周恩來、賀龍、葉挺、朱德、劉伯承等發動南昌起義，打響了武裝反抗國民黨反動統治的第一槍。江西更是中國革命勝利的搖籃，毛澤東、朱德領導的朱毛紅軍和井岡山革命鬥爭，使中國革命從此走上了在反動統治比較薄弱的農村地區集聚、發展壯大力量，以農村包圍城市、最後奪取城市的正確道路。江西還是第一個全國性的工農民主政權——中華蘇維埃臨時中央政府的所在地，有「南京北京，比不上瑞京（金）」的美譽。作為土地革命的中心區域，江西不愧為「中國革命前進的偉大基地」。毛澤東等一大批老一輩革命家在這塊土地上，將馬克思主義與中國革命實踐相結合，初步創立了指導中國革命的科學理論體系毛澤東思想，為中國革命建立了一支堅強的革命軍隊，培養了一大批治黨、治國、治軍的優秀骨幹，為中國革命的勝利奠定了最重要的基礎，也最終確定了中國的前進方向和歷史命運。江西人民為中國革命的勝利作出了巨大犧牲。毛澤東曾讚譽：「江西的農村起義比哪一省都要普遍，紅軍游擊隊比哪一省

都要多。」[106]江西不僅有方志敏、袁玉冰、趙醒儂、熊雄、古柏、黃道這樣傑出的革命先烈，更有為之壯烈犧牲的有名有姓即達二十五萬人之眾的烈士群體，他們的英名永垂史冊，並為江西的歷史畫卷寫下了濃墨重彩的華章，為江西這塊紅土地增添了永遠的無上榮光！

第四，作為江西的區域文化特徵之一，江西在歷史上形成了百花齊放，不拘一格；勇於創新，敢為人先；執著堅毅，剛正義烈的人文精神，這是一筆寶貴的歷史文化遺產。但同時，江西文化的一些傳統也制約著江西社會在近代的轉型和進步。

所謂百花齊放，不拘一格，是指江西從古以來，不僅正統士大夫經史詩賦之學名家輩出，世所推崇，而且與科舉無關的正統學問之外的各種學術方技亦多大家。即以科技為例，唐代有製瓷大家饒玉、霍仲初，為景德鎮瓷器生產的崛起奠定基礎；宋代曾安止著《禾譜》，為古代重要農書；宋元德興張氏家族長於浸銅，將膽水浸銅技術大規模運用於生產；明代宋應星以畢生精力著《天工開物》，成為中國科學史的巨匠，又有龍泉郭氏父女創龍泉碼，為傳統木材貿易作出重大貢獻；清代則有永修雷氏世代為皇家建築設計師，「樣式雷」名揚中外，婺源齊彥槐為著名天文學家，江永為著名的數學、音韻學家和經學家，新建喻嘉言為醫學大家。江西歷史上多術數名家，贛派風水的奠基人楊筠松、曾文辿、廖瑀以及吳景鸞、劉江東、賴布衣、廖均卿、廖從政

106 《毛澤東選集》第一卷，人民出版社一九九一年版，第106頁。

等，均是中國風水術的大師；其他占卜、星氣、符籙、祈禳等人物眾多，亦為江西特色。術數雖多迷信，更非正統之學，但贛人好術數和江西多高僧大德一樣，典型地反映了贛人為學的多樣性。明代王士性說江西人「能不事子母本，徒張空拳以籠百物，虛往實歸，如堪輿、星相、醫卜、輪輿、梓匠之類，非有鹽商、木客、筐絲、聚寶之業也」[107]。也充分反映了江西民眾多事方技、所業甚廣的特點。究其原因，一是江西學風甚盛，士大夫以博學為尚：如王安石「自諸子百家之書，及於《難經》《素問》《本草》諸小說無所不讀，農夫女工無所不問」[108]，就是一個典型的例子；二是江西學風既盛而科舉出路狹窄，知識分子不得不多轉事他業，如懸壺卜筮、務工經商、潛心著書、出佛入道等，無所不為，心力所至，三教九流成名者遂多；三是江西農業、手工業和商業繁榮昌盛，為多種思想和科技、社會活動的開展和進步創造了條件。如果沒有經濟基礎，琴書生計，從何談起？沒有農工商諸業廣泛的技術要求，也不可能有較多專門之家應運而生。歷來論者多認為江西長期以來科舉文化最盛，這自然是符合實際的，但如果因此而忽略江西傳統文化的多樣性，也無疑是錯誤的。

所謂勇於創新，敢為人先，是指江西古來多開宗立派的人物。如陶淵明創田園詩派，影響甚為深遠；歐陽脩領導古文運

---

107 《廣志繹》卷四《江南諸省》。
108 《答曾子固書》，《臨川先生文集》卷七三。

動，一代文風為之丕變；王安石以「三不足」（天變不足畏，祖宗不足法，人言不足恤）的大無畏精神，堅定執著，變法圖強；晏殊開「西江詞派」，黃庭堅開「江西詩派」；朱熹上承二程而集理學之大成，創造出客觀唯心主義的理學體系，成為中國封建社會後期影響最大的思想家；金溪陸九淵則獨闢蹊徑，成為主觀唯心主義的「陸王心學」的創始人；湯顯祖高張「性靈」之旗幟，寫出「臨川四夢」；朱耷開創大寫意畫派，成為一代藝術宗師。江西宗教亦多開創大家：佛教淨土宗始於晉代廬山東林寺的慧遠和尚，禪宗則以吉州青原行思為其兩大法系之一的領袖，其五家七宗之中，三家五宗其源在贛，傳佈天下。道教則有張道陵、張盛在鷹潭龍虎山開創的天師道，為傳統道教的主要支派；又有推尊許遜的淨明道，獨樹一幟，影響廣遠。朱熹曾云：「江西士風，好為奇論，恥與人同，每立異以求勝。」[109]其說雖有批評之意，但卻頗切實際。所有這些都充分說明，江西自古多有勇於創新、敢為人先的人傑，江西之學實有開拓創新之傳統，這是江西歷史文化中一筆寶貴的遺產，值得我們繼承傳遞，發揚光大。

所謂堅毅執著，剛正義烈，是指古代江西人忠君愛國之心表現特著。江西為「文章節義之邦」，古人早已論及。所謂「文章」，自是指江西多著名文人，無須多論；而「節義」，則是指江西古來特多忠君愛國之士。如陳東、歐陽澈請用李綱被殺，胡

---

109 《朱子語類》卷一二四。

銓請斬秦檜遭流放，江萬里全家赴水拒降，謝枋得「脊樑鐵硬對皇天」絕食抗元，文天祥以「人生自古誰無死，留取丹心照汗青」的浩然正氣捨生取義、慷慨殉國，「寧都三魏」「易堂九子」「髻山七子」以及八大山人等隱居避世，如此等等，充滿史冊。周鑾書先生曾言：「江西文化的精神，應是剛正義烈」；「他們剛正義烈的思想作風，必然影響和反映到江西的文風、士風，以至民風。尤其在朝代交替之際，江西的義烈之士特別眾多，為國捐軀者難以數計」，「究其原因，既是數千年小農經濟所固有的堅毅、頑強的本性在文化、思想領域的表現，也是儒學、尤其是理學在江西特別興旺發達的影響」[110]。其說甚是。古人詩云：「浩蕩西江流未歇。」指的就是這樣一種剛正義烈的文化傳統在江西綿延流傳，代代不絕。而以上諸人對國家和民族的無限忠誠和高尚的人格力量，也無疑是上世紀江西無數無產階級革命志士和井岡山精神的重要來源。只要讀一下方志敏的《可愛的中國》，就可以清楚地體會到這一點[111]。這當然是我們今天應該很好繼承和發揚的優秀文化傳統。

但我們也應該看到，江西歷史文化傳統中的某些特徵和因素，對近代江西的社會轉型和進步亦產生了不可忽視的消極影

---

110 周鑾書：《江西歷史文化的遺存和弘揚》，《江西方志》二〇〇五年第三期。
111 葉劍英元帥悼念方志敏詩云：「血戰東南半壁紅，忍將奇蹟作奇功。文山過後南朝月，又照江南一葉楓。」詩中稱頌方志敏是文天祥第二，正反映了這一歷史的繼承。

響。

　　江西古代傳統教育和科舉成就出類拔萃，名列前茅，因而士大夫文化特別發達。隋唐以來實施的科舉制，不僅為處於社會下層的知識分子進入政權提供了道路，也為當時還處於相對邊緣的江西知識分子進入中央政權機構創造了條件。江西自六朝以來能夠很快融入正統的中原文化，並且反哺華夏文明，科舉制度的深刻影響很值得注意。科舉制度還促成了江西各地在富庶的小農經濟基礎上傳統教育和文化的發展。「家家生計只琴書，一郡清風似魯儒」，晚唐詩人韋莊筆下江西基層社會的這種文化氣象，顯然與科舉制的導向有著密切的內在聯繫。更深刻的影響還在於，科舉制培養和造就了大批儒家知識分子，無論他們是否進入仕途，都成為聯結國家和民間社會的紐帶，一方面以儒家和王朝正統價值觀念教化、管束民眾，另一方面維繫地方社會利益與鄉土自治，從而對傳統社會的穩定起到了極為重要的作用。近十餘年來江西學者對明清及近代民間社會的諸多調查研究，可以充分證明這一點[112]。

　　科舉助成了江西人文的成功和社會發展，但也因之成為江西人文的一個定式和制約。科舉制度一方面把傳統的封建政治取向和倫理道德強有力地灌輸到民間，另一方面則把讀書做官變成了

112 這方面較早也較為重要的成果之一，當屬周鑾書先生主持，多人參加的對樂安縣流坑村長達六年多的調查，這項調查的最終成果《千古一村——流坑歷史文化的調查》，由江西人民出版社一九九五年出版，以後又曾增訂再版兩次。

社會最崇高的價值取向。因而，這種制度及其相應的意識形態在造就了江西傳統社會文化繁榮的同時，也勢將成為江西社會向新方向進步的限制因素。

比如，江西明清時期已有較為發達的商品生產和交換經濟，但卻並沒有順利地帶來近代工商業的快速發展。其原因固然很多，但科舉及其強化思想意識形態的制約無疑是一個重要因素。這一點，只要看看已經進入近代時，江西的商人們還是那樣熱衷於捐納得官和增廣學額，就可以明白。對這一問題，張仲禮先生在他的名著《中國士紳》中有很好的研究，可以參看。江西省已故著名歷史學家姚公騫先生曾憶及，他家祖上原是一個大商賈，生意很大，鋪子在長江沿岸一直開到重慶。太平天國戰爭中，為了給湘軍籌集軍費，家裡把大部分鋪子變賣，捐銀四十萬兩，換來了的是二品頂戴和曾國藩親臨家中的榮耀。近代化的重要條件，是資本的積聚和轉化，但在長盛不衰的科舉文化支配下，江西商人卻更願意反其道而行之。這正是江西近代社會經濟發展受限的原因之一。

再比如，在科舉制度陶冶下形成的江西傳統文化的又一重要特徵，是人們講求「文章節義」，從而湧現出眾多剛正義烈、忠君愛國的名臣。然而這種典型的封建士大夫精神，又使得江西社會近代以來對傳統文化過度執著和對外來文化的抵制較為強烈。近代江西教案很多，極為激烈，就是一種典型的反映。再請看十九世紀末二十世紀初的國內社會輿論如何評價江西紳民：

江西物產雖富，風氣未開。（《江西官報》1904 年第 20 期）

江西守舊，人開化難於他省。（時任江西布政使的翁曾桂語。國家檔案局明清檔案館編《戊戌變法檔案史料》，光緒二十上年七月二十八日護理江西巡撫翁曾桂片，中華書局 1958 年版，第 297 頁）

江西官紳，多半但奉行故事。（《東方雜誌》1908 年第 6 期）

江西習俗守舊，愚如土番，上無開民智之官，下無通民情之學會，一睹俗人婦孺意計中所不能有之雄圖霸業，勢必群然奔駭，不恤出死力以相沮撓，則憂而敗……（湖南）自數年以來，文明日啟，腦筋日靈，言新則群喜，語舊則眾唾。（《譚嗣同文集》，中華書局 1980 年版，第 423 頁）

江西人性質素來保守。（上海《民國日報》1919 年 5 月 18 日）

從上引諸多時人對江西的評論可見，清末民初的一般社會輿論，均認為江西觀念文化較為保守落後，而與東部甚至中部的許多省份形成對比。似乎可以為上述看法作註腳的是，和歷史上易代之際多孤忠隱逸一樣，江西在清朝滅亡之後也多保皇派遺老，其典型如張勳甚至發動了短命的復辟，而這位辮帥背後的鼓動者，則包括胡思敬、劉廷琛、萬繩栻等一批江西士紳。「清待贛人薄，贛人報獨厚」[113]，這種強烈的忠君守舊情結，顯然與江西

113 胡思敬：《國聞備乘》。

古代「文章節義」的傳統有著內在的聯繫，也正是這種抵制和執著，乃成為當代經濟和文化學者所謂的「鎖定（Locking）」現象的典形體現。在新的歷史條件下，這一傳統恰恰成為江西近代以來不能適應形勢變化而迅速實現社會轉型跟上時代發展潮流的原因之一。

需要指出的是，歷史傳統在近代以來的消極影響和制約，並不僅僅在近代發生作用，有的一直及於現代，仍在新的歷史條件下延續並深刻地影響著人們的觀念和行為。比如歷史上發達的小農經濟及其生活方式形成的知足因循、名分嚴格而又層級流動活躍的封建等級制度造就的官本位觀念，在今日江西社會中就不難發現。而這些思想觀念，正是制約當代江西建設社會主義市場經濟和政治文明的重要因素。

總之，江西的歷史和人文有著輝煌的過去和偉大的遺產。儘管近代以來江西經濟和社會發展出現了曲折，但我們絕對不應妄自菲薄。歷史充分證明，一個地域的經濟文化發展與否，既與其自身的基本條件如資源、氣候、環境、區位等相關，也與其所面臨的歷史機遇和大的環境與趨勢密切相關。唐宋時期的江西因為「從北到南」的歷史機遇而崛起，近代以來江西地位的下降，也正是「自西徂東」的時代大勢所導致。因此，正確瞭解時代和國家發展的大勢，乃是判定江西區域經濟與社會發展的前景和走向最重要的前提。這正是歷史給予我們的一個極重要的啟示。

改革開放特別是進入新世紀以來，隨著中國經濟整體上長期持續高速發展、沿海發達地區生產要素成本上升和中央對區域協調發展的更加注重，中國已經出現了沿海發達地區產業升級換代

和梯度轉移的顯著趨勢。在此背景下，資源豐富、氣候良好、緊靠長、珠、閩三個經濟發達的三角洲的江西，面臨著極其難得的發展機遇。

但我們也必須清楚地認識到，在此大好形勢下，進一步解放思想，改革創新體制，改善政務和社會環境，大力發展教育，仍是當前江西經濟發展和社會進步最重要的任務。在此過程中，我們一方面要以歷史為激勵和鞭策，繼承和發揚前人的優秀傳統，另一方面則不能沉浸在歷史的輝煌中自我陶醉，更不能忽視批判和摒棄傳統文化中的消極因素，不斷更新思想觀念。只有這樣，才是對待歷史的正確態度，也才能真正做到腳踏實地，與時俱進，開拓創新，使江西早日在中部地區崛起、重現歷史的輝煌。

引言

　　江西，地處江南腹地，東、南、西三面環山，北臨大江，襟江帶湖，沃野千里，是一朝北敞開的巨大盆地。這塊中華大地的沃土，不僅物華天寶，山河壯麗，而且歷史悠久，人文薈萃，然而漢以前的江西先秦時期歷史，在一些史書和志書的舊史家筆下卻被描繪成所謂「荒蠻服地」，或直稱為「漢唐以前，率以荒服」，或籠統一句話概之曰「禹貢揚州之域」。在成書于戰國時期的《左傳》編年史書中，真正能確證是屬於江西境的地點只有兩個，即番（今鄱陽）和艾（今修水）。正由於古代文獻記載的闕如，過去要編寫江西先秦古史那是不可想像的事。

　　新中國成立五十餘年來，隨著全省性的三次大規模文物普查和考古發掘工作的深入開展，全省已發現了大量的古遺址、古墓葬、古窯址和古城址等，其中僅新石器時代、商、西周、春秋、戰國時期的遺址就達千餘處，出土和收集的石器、陶瓷器、青銅器、玉器以及金、銀器等各類文化遺物數萬件。這些大量的古文化遺存和豐富的文化遺物，實際就是一部難得的「無字地書」和實物史料庫，它對於探求江西地區古代歷史，尤其是先秦古史有著極其重要意義。《江西通史》先秦卷就是依據這些豐厚的考古

資料，經過爬梳清理，條分縷析，並結合僅有的零星文獻記載，再盡可能的博采同仁們的潛心研究成果，從而得以初步勾勒出江西地區先秦時期歷史發展的大體輪廓。

（一）

　　江西這塊土地上，何時開始有人類活動？也就是說，江西歷史從何寫起？迄今發現的考古資料告知我們，最早的原始文化是安義和新余兩地發現的平原型舊石器時代中期遺址，推論其時代距今約二十萬年。舊石器時代晚期遺址目前發現的主要有萬年吊桶環遺址下層和樂平湧山岩洞遺址，其年代距今約兩萬年左右。在距今約兩萬年至一萬五千年時期，贛境地區的遠古先民同地球上一些地區的遠古人類一樣，也經歷了從舊石器時代的攫取性經濟向新石器時代生產性經濟的過渡，這一過渡時期考古學界一般稱為中石器時代，至今江西地區發現的中石器時代遺址只有萬年縣吊桶環的中層和仙人洞遺址的下層。

　　距今約一萬五千年至五千年的萬餘年間，是人類發展史上至為關鍵的發展階段，即隨著中石器時代相繼結束，迎來的是一個嶄新的新石器時代。目前江西境內發現屬這一時期的原始人群就是萬年仙人洞母系氏族部落，它像一顆璀燦奪目的原始文化明珠鑲嵌在贛鄱大地上。棲息在萬年仙人洞新石器時代早期先民，從事生產活動的工具有木器、石器、骨、角、蚌器等，這時的磨製及穿孔技術已有更多出現，其功能多與原始農業生產有關。二十世紀九〇年代中美農業考古隊對該遺址的發掘，一項驚世發現就是在仙人洞和吊桶環的新石器時代早期即距今一點二萬年前的地

層中開始發現了人工栽培稻，它是一種由野生稻向人工馴化稻演化的古栽培稻類型，是現今所知世界上年代最早的栽培稻遺存之一，這就有力地昭示，贛鄱地區是亞洲和世界稻作農業的一個重要發祥地。萬年仙人洞與吊桶環遺址的另一項重大考古發現就是出土了距今約一萬二千年的最原始陶器，這不僅是中國也是當今世界範圍內年代最早的陶器之一。

從萬年仙人洞和吊桶環新石器時代早期文化之後，目前的考古資料尚有一段空白，有待今後新的發現。到新石器時代晚期，即距今約六千年至四千一百年左右這段期間，江西境內的原始氏族聚落已廣為增多，人丁也日趨繁衍，是贛境地區史前聚落快速發展和繁榮時期。經過考古工作者對近百處新石器時代晚期遺址的調查、發掘和研究，大體可以初步揭示和區分出多種不同類型的考古學文化，筆者也嘗試性地排出了這些考古學文化類型的各自親族關係（即所謂譜系）：如距今約六千年前的分佈在贛江中、下游偏西地區的新余拾年山一期文化；距今約四千八百年前的贛西北山區即修河支流奉鄉水兩岸及其周邊地區的山背文化；距今約五千年至四千五百年的贛東北地區的廣豐社山頭文化；當然分布最廣也最有代表性的是分布在以贛江中、下游兩岸及其一些支流為中心的樟樹築衛城文化（有的稱樊城堆文化），年代跨度為距今約五千五百年至五千年左右；此外，在贛江中、下游及贛西北還穿插分布著距今約五千年至四千五百年的靖安鄭家坳文化。上述這些新石器時代晚期文化，除鄭家坳文化屬江北皖南的薛家崗文化在長江南岸的一個類型外，其他諸文化類型都淵源於本土本地，它們之間在文化內涵、特徵等各方面，雖有這樣或那

樣的某些共性，但總的文化面貌又各自有自身的濃郁特色，是幾種不同類型的土著文化。這些新石器時代晚期氏族聚落，儘管分屬不同的文化類型，甚或譜系也不盡相同，但從出土的生產工具和其他伴出的遺物以及相關的遺跡分析，它們除個別濱湖地區的原始居民主要從事漁業經濟外，都普遍以農業經濟為主，而且以栽培水稻為主要生產活動，當然，也兼營狩獵和捕魚。家畜飼養業也佔有一定比例。根據文獻記載和古史傳說，這些散居在贛境各地的新石器時代晚期原始先民，從廣義的範圍來說，應屬於南方的苗蠻集團，但並非過去一般所認定的是「三苗之居」的範圍，而應屬於古越族，準確地說應屬古先越民族。那時，他們沿贛江兩岸及其大小支流的廣大階地、山崗或原野，聚族而居，過著母系氏族制的原始社會生活，婦女在生產、生活中仍處於主導地位，婚姻關係已從族外婚制演進到「對偶婚」和對偶家庭。正是這些新石器時代晚期的原始先民，憑籍著他們勤勞的雙手，披荊斬棘，極其艱難地為江西大地的最早期開發作出過重大貢獻。

　　繼江西新石器時代晚期諸考古學文化之後的近五百年間，即距今約四千一百年至三千六百年，贛境地區興盛起來的是以樟樹築衛城、樊城堆遺址中層等為代表的新石器時代末期文化。這時，隨著生產力水準的不斷提高，社會經濟的緩慢發展，原始居民的聚落形態也發生相應變化，即逐漸從母系氏族社會向父系氏族制急劇轉變，最後進入父系氏族制社會。與此同時，婚姻制度也逐漸從「對偶婚」制向「一夫一妻」制過渡。正當江西地區仍處於原始氏族制後期即新石器時代末期階段，中原地區則最先進入階級社會，並建立起中國歷史上的第一個奴隸制國家夏王朝。

隨著夏王朝對江漢地區三苗族的不斷征討和最後征服，夏人的開始南遷，夏文化的不斷南漸，從而大大促進了贛境地區原始氏族制的解體，也開啟了華夏民族與古越民族的融合過程。

（二）

中原地區，繼夏朝之後是中國歷史上第二個奴隸制國家政權商王朝，年代從西元前一六〇〇年至前一〇四六年周武王滅商，前後達五百五十餘年。商時期江西地區的歷史文化面貌如何？根據大量的文物調查與發掘資料，全省範圍內已發現商周遺址達六百餘處，屬商時期遺址就近四百處，主要分布在贛江中、下游和鄱陽湖周邊以及贛東北和贛東地區，而以贛江中、下游和鄱陽湖西岸最為密集。經過考古學者對這些商時期遺存發現的遺跡、遺物等文化因素的爬梳、分析和研究，對商時期江西地區青銅文化的時空框架和歷史目前只能勾劃出一個大體輪廓，有些細部和具體問題尚有待深入發掘和研究。江西境內最先經歷原始氏族制的解體而跨入青銅時代的是贛江下、中游地區，也是有商一代贛境地區經濟最為先進地區，至今已發現的商時期遺址和墓葬就達三百餘處，大量考古發掘資料證實，最遲從商代中期起，這一地區就開始逐步建立起中原殷都以外地處南方的一個方國都邑文明，它就是以樟樹吳城城址為代表的吳城文化，到晚商時期，吳城方國文明達到興盛時期，及至商末才開始衰落。贛東北地區，至今發現的商時期遺址也近百處，它可以萬年的齋山遺址、肖家山、西山和送嫁山墓葬以及鷹沄角山窯址為代表，從其青銅文化因素和特徵分析，它與贛江中下游和其他地區不盡相同，它是一支既

與吳城文化有密切聯繫又有其自身特色的土著青銅文化，一般稱之為萬年類型文化，也可逕稱為萬年文化。贛南地區，也發現有數十處帶幾何形印紋陶的商周遺存，但真正經過科學發掘的遺址甚少，從已發掘的贛州竹園下商代遺存來看，文化內涵表現得錯綜複雜，某些陶器如鬲、折肩罐、折腹罐和鏤孔圈足豆等似有某些吳城文化因素，表明吳城方國的強大幅射力也擴及於此，但從整體文化因素看，其陶器組合以釜、尊為主，又有別于吳城和其他青銅文化類型，某些特徵卻表現出與廣東曲江石峽遺址中層商文化相近，與粵東的商文化「浮濱類型」亦有一定的聯繫。

必須特別指出的是，在贛境發現的大量商代遺址和諸種青銅文化類型中，只有以吳城城址為代表的吳城文化內涵最為豐富，分布範圍最為廣闊，幾乎涵蓋了贛境的三分之二地區，它不僅是江西地區而且也是目前南方地區已發現的眾多商周文化遺址中規模最大、出土物最為豐富的遺存。吳城文化不僅有其廣闊的分布空間，有它自成系統的完整發展系列，而且有其鮮明的文化特徵，諸如日常生活中使用豐富多采的幾何形印紋陶器，有一批至今尚難以釋讀而失傳了的文字與符號，還出土有一批頗具地方特色的青銅器及與中原地區不盡相同的青銅鑄造工藝。等等。青銅器以新幹商代大墓中出土的數量最多，其中大部份當為本地鑄造，因而它較集中代表了吳城方國的青銅鑄造技藝的水準，而支撐吳城方國青銅鑄造業的銅料來源，主要就是轄區內的贛北瑞昌銅嶺礦冶遺址。該礦冶遺址既是吳城方國文明的支柱產業之一，也是中原夏商王朝不斷南征掠奪的重要物件之一。與此相應的，吳城文化的農業、手工業、畜牧業、漁業以及商業、交通運輸業

都在原有基礎上得到長足發展，尤其是農業和手工業中的銅礦採冶和青銅器鑄造、幾何印紋陶器和原始瓷燒造、玉器的琢製等門類更有其特色和水準，正是有著如此高的經濟發展水準才足以具備建立方國文明的物質基礎。吳城城址至今雖未發現有大型宮殿建築和陵墓，但該城址面積達六十一萬三千平方米，築有高大的城垣，城垣周長約兩千八百六十米，並闢有五個城門，僅城內至今已清理出的就有居住區、祭祀區、製陶區和鑄銅區等各類不同功能區，還發現有一祭祀廣場和與之配套的紅土台座以及一條通向祭祀廣場的鵝卵石大道，這一浩大的築城工程、宗教祭祀神壇和城區內的多功能佈局，都充分表明了一個強有力的社會集權集團的存在，也足以證明吳城城址已基本具有國家文明形態的特徵，是商時期長江中游地區跨入文明門檻的一個古代方國，因而也是中國長江以南最早跨入文明門檻的地區之一。

那麼，創建吳城方國文明的居民究竟是誰？儘管早在夏代就有「三苗」族人南來，商時期又繼續有中原的虎、戈和帶「內」族徽等氏族的部分移民遷徙至此，但更多的還是原有的土著民族，即古越族中的一支揚越人。中原的華夏族人，南來後帶來先進發達的中原文化特別是陶範鑄銅技術，他們與原住民族交流融合，共同為贛江流域的早期開發，為創建吳城方國青銅文明作出巨大貢獻。

西周時期，大量考古資料證實，周王朝的政治力量早在西周初年即已擴及到贛北甚至贛中地區，從新幹牛頭城城址的相當規模和所表現出強烈的西周文化因素看，這裏很可能是西周中央王朝在贛境地區的一個方國，準確地說應是被分封的諸侯國，只是

這一諸侯國的名稱，尚有待新的出土物證。到西周中、晚期，隨著西周文化對南方文化影響的加劇，贛境各地區的青銅文化面貌日趨一致，而且更深地打上中原文化的烙印，如果說在商代或西周早期，江西各地的文化面貌尚有不少差異的話，那麼到西周中、晚期，這種差異已漸趨消失，甚至基本融合為一體了，這不僅反映在一些青銅器上，而且在日用陶器上也可看出。這種文化融合的大趨勢不僅出現在贛江流域，而且已在更大範圍內擴展。與此同時，西周王朝更進一步加強了對江西地區的統治，除在贛中地區封有牛城諸侯國外，據出土文物提供的物證，經學者們考證，還在贛西北的今修水地區封有「艾」侯；在贛東北的今餘干縣境封有「應」國。

（三）

東周時期，中國的南方地區有著三個比較大的諸侯國，即東部江浙地區的吳國、越國和西方的楚國，而贛境地區始終未曾成為某一諸侯國的中心，而只是它們相互爭奪、展開角逐的重要地區，故而江西地區的政治歸屬長期以來一直被籠統地稱之謂「吳頭楚尾」或「楚尾吳頭」，其具體界域無人去考，也無法可考。近數十年來的大量考古資料，卻為我們逐步梳理這一問題提供了重要依據。

考古資料證實，至遲到春秋中期起，楚國勢力才達及贛西北境，即今之九江、南昌等地都應屬楚的範圍，即所謂「南楚」之地。到春秋後期起，隨著楚勢力在湖南地區的不斷南進，也自然伸擴到贛境的宜春、萍鄉等贛西地區。吳國西擴至贛北地區那是

春秋晚期的事。自吳王闔閭十一年（西元前 504）「伐楚取番」
之後，吳乘楚大敗退之機，盡占江南楚地，贛江下、中游地區一
度全被吳所佔領，但是時間並不很長，就在吳公子慶忌「出居於
艾」後的第三年，即西元前四七三年，越國就把吳滅了，吞併了
吳國全部領土，自然也包括贛江下游甚或中游地區，至今在贛
北、贛西北地方尚留下不少越王的遺跡或傳說。越國佔據贛江
中、下游地區的時間主要是在戰國早期，後來楚國複又強盛起
來，就在越國政治中心北移的情況下，楚又悄悄西進收復了春秋
末年被吳後被越奪去的土地，其中就包括了贛江下游地區，今以
地下出土物證之，鄱陽湖的洰西洰北地區至遲到楚懷王時，又重
入楚的版圖。

　　東周時期，贛南地區離政治中心較遠，從吳、楚、越相互爭
戰以及它們各自的擴張歷史分析，特別是從至今已發現的一些古
遺址諸特徵看，春秋時期，不僅吳的國力未曾到達贛南，就是西
楚和東方越國的疆域也未能擴張至此，概稱為「百越之地」當更
符合歷史實際。及至戰國初年，越滅吳後，不僅贛東北的上饒地
區和贛東的撫州部分地區屬越，就是贛南的一部分地區想也已併
入越的範圍。到楚悼王命吳起為相「南平百越」之後，特別是楚
滅越後，則贛境地區無疑應全部歸楚。

　　春秋戰國時期，是社會大變革時期，而變革的動力無疑是科
學與技術生產力的發展。這一歷史時期，生產力發展的重要標誌
就是冶鐵技術的發明。江西地區的情況同樣如此。其生產工具的
進步和發展，也集中表現在青銅工具的更多使用特別是鐵農具的
開始出現。隨著春秋中期鐵農具的開始使用，到戰國時期的被廣

泛地使用和推廣，從而加速了贛境地區農業、畜牧業和青銅冶鑄、冶鐵以及紡織、陶瓷（原始瓷）等各種手工業的全面發展。與此同時，作為其上層建築的民族習俗、葬制、宗教信仰與崇拜以及文化藝術、音樂等則都強烈地表現出古越民族特徵。

儘管吳、楚、越三個諸侯國進入贛境時間不一，隨著各自力量的消長，其界域也不斷互有變異，但贛境地區東南西北中的主體民族仍然是古越民族，即當時史籍中稱謂的「百越」民族。因古越民族支系繁多，故稱百越。東周時期江西地區的古越民族，依然延續商周以來的傳統，大體贛江流域的兩岸及以西為揚越；贛東北和贛東地區則為干越和于越。

整個春秋戰國時期，是一個列國紛爭異常激烈的年代，同時又是一個以華夏民族為核心的各民族的大融合時期。贛境地區的主體民族雖然以古越族為主，但也不斷有華夏民族和楚民族等的遷入，他們帶來中原華夏民族的先進文化與禮樂制度，並與古越民族交流、融合，在經濟、文化上逐漸走上共同發展的道路。到戰國末期，秦始皇統一中國後，贛地的古越民族大部分都融合到華夏民族的大文化圈中，絕大部分居民都成了漢民族的不可分割的組成部分。

（四）

贛水蒼茫，奔騰不息。滄海桑田，鬥轉星移。縱觀江西地區自發現二十萬年的原始人類活動以來，百分之九十九的時間是在石器時代的漫長歲月中度過的，其中十八萬五千年為舊石器時代，一萬一千至一萬一千五百萬年為新石器時代，真正跨入文明

時代只有四千甚或三千四、五百年。在那洪荒時代，贛地先民創造的史前聚落文化，雖不像黃河流域那樣有完整系統發達的仰韶文化和龍山文化譜系，也沒有如東方太湖地區的良渚文化那樣燦爛輝煌，但萬年仙人洞、吊桶環人有著萬餘年的種植水稻和燒製陶器的歷史，是中國乃至東亞地區最先人工栽培水稻和最早燒製陶製品地區之一，卻也是贛江史前先民光彩的一筆，令人引以自豪！尤其是智慧、勇敢的贛地先民披荊斬棘，戰天鬥地，世代繁衍，其「篳路藍縷」之功，我們將更永世難忘。

隨著中原夏、商文化的不斷南漸，加速了贛境地區文明化進程，使贛境大部分地區相繼進入文明時代。由贛地原有土著民族為主體又和南下的商人相結合而構建起的吳城青銅方國文明，雖青銅文化水準比之商殷文明還大為遜色，但它必竟是長江中下游地區至今已發現的唯一的一座商時期的方國都邑遺存，是中國南方地區最早跨入文明門檻的地區之一，足可見它在中國早期文明進程中的地位和作用。

總之，一部江西先秦史，就是一部江西史前文化和早期文明發展史，它幾乎全是運用地下考古發掘資料編串而就的，這些「無字地書」是數十年來全省文博考古工作者幾代人辛勞、汗水和智慧的結晶，筆者僅是爬梳、整理和歸納，或稍作昇華，略抒己見，僅此而已。當然，不可否認的是，限於考古資料的局限，即既有時段上的缺環，又有地域上的空白，新中國的考古發現雖已取得巨大成就，但實際還只是浮出水面的冰山一角，更大量更豐富的考古新發現將還在後頭，因此，這裏編就的《江西通史・先秦卷》只能算是一部速描本，原則是能詳則詳，能簡則簡，能

略定略，知之為知之，不知為不知。這次組織編纂的十一卷本《江西通史》浩大工程，大家都希望十年或二十年不落後，但對《先秦卷》來說，恐難以如願，不說明年或來年，也許明天的一項考古大發現，就讓你不能不改寫、補寫甚或重寫。哥白尼曾說過：「人的天職是勇於探索真理。」愛因斯坦也有一句名言：「對真理的追求要比對真理的佔有更為可貴。」考古的新發現無疑是層出不窮，我們對真理的探索和追求也永無止境，但願這部《江西通史‧先秦卷》速描本能為日後新的江西先秦史的不斷探索提供一個階梯或者基石，那就是筆者最大的欣慰了。

目錄

總序　　　　　　　　　　　　　　　　　　002

導論　　　　　　　　　　　　　　　　　　009

引言　　　　　　　　　　　　　　　　　　079

第一章｜江西遠古人類活動遺存

第一節·舊石器中期遺存的發現　　　　101

一　安義舊石器　　　　　　　　　　　101

二　新余舊石器　　　　　　　　　　　104

三　安義、新余舊石器的特點與年代　　105

第二節·舊石器晚期遺存　　　　　　　112

一　吊桶環遺址下層文化　　　　　　　112

二　吊桶環遺址下層年代　　　　　　　116

第三節·中石器時代遺存的發現　　　　119

一　吊桶環遺址中層文化　　　　　　　119

二　仙人洞遺址下層文化　　　　　　　121

第二章 | 新石器時代早期農業氏族部落文化

第一節・種類多樣的工具　129

一　石器　129

二　骨、角（牙）器　131

三　蚌器　133

第二節・稻作農業起源　134

一　從野生稻到栽培稻　134

二　農耕工具　138

第三節・製陶術的發明　141

一　早期陶器的特徵　141

二　早期陶器製作工藝　144

三　與國內外早期陶器的比較　147

第四節・氏族部落生活　151

一　原始氏族生活圖景　151

二　社會組織形態　156

第三章 | 新石器時代晚期農業氏族聚落文化

第一節・文化類型　162

一　拾年山文化　163

二　山背文化　166

三　築衛城文化　170

四　社山頭文化　177

五　鄭家坳文化　　　　　　　　　　　　　　　　181

第二節‧諸文化類型居民與周鄰原始部落的交往　　185

一　山背文化與周鄰文化的關係　　　　　　　　186

二　築衛城文化與周鄰文化的關係　　　　　　　187

第三節‧社會經濟　　　　　　　　　　　　　　　192

一　生產工具　　　　　　　　　　　　　　　　193

二　稻作農業和漁獵採集經濟　　　　　　　　　199

第四節‧工藝技術　　　　　　　　　　　　　　　204

一　製陶工藝　　　　　　　　　　　　　　　　204

二　建築居址　　　　　　　　　　　　　　　　210

第五節‧葬制習俗　　　　　　　　　　　　　　　219

一　有擴墓　　　　　　　　　　　　　　　　　220

二　無擴墓　　　　　　　　　　　　　　　　　221

三　甕棺葬　　　　　　　　　　　　　　　　　221

第六節‧新石器時代贛境居民族屬　　　　　　　　223

一　古「三苗」的分布地域　　　　　　　　　　224

二　古先越民族　　　　　　　　　　　　　　　233

第四章｜新石器時代末期文化與夏文化的南漸

第一節‧新石器時代末期文化　　　　　　　　　　248

一　文化特徵　　　　　　　　　　　　　　　　249

二　經濟生活　　　　　　　　　　　　　　　　253

第二節・夏文化的南漸   257

一　堯、舜、禹對三苗的征服   257

二　歷史傳說   261

三　考古學物證   264

第五章｜商代吳城方國文明（上）

第一節・吳城文化的分期與年代   269

一　吳城遺址與城垣   270

二　分期與年代   275

三　分布地域   283

第二節・吳城文化特徵   295

一　豐富多彩的幾何印紋陶器   296

二　頗具特色的青銅器   307

三　難以釋讀而失傳了的文字   320

第六章｜商代吳城方國文明（下）

第一節・農業與畜牧業   330

一　農業生產工具   331

二　農作物種類   347

三　畜牧業的發展   352

第二節・手工業   357

一　青銅冶鑄業   357

二　陶瓷燒造業　　　　　　　　　　　388

三　琢玉業　　　　　　　　　　　　　401

第三節・商業　　　　　　　　　　　　402

一　社會分工擴大與城邑興起　　　　　403

二　商品貿易的發展　　　　　　　　　407

三　貨幣　　　　　　　　　　　　　　411

第四節・吳城方國居民及民族　　　　　418

一　三苗、虎氏、戈氏　　　　　　　　419

二　揚越　　　　　　　　　　　　　　423

第七章｜商代萬年文化

第一節・萬年文化的分期與年代　　　　445

一　分布地域　　　　　　　　　　　　445

二　分期與年代　　　　　　　　　　　449

第二節・萬年文化與鄰近考古學文化關係　459

一　與吳城文化的關係　　　　　　　　459

二　與周邊諸考古學文化關係　　　　　464

第八章｜西周時期中央王朝對贛境地區的影響和統治

第一節・西周文化遺址及分期　　　　　471

一　西周早期遺址　　　　　　　　　　471

二　西周中、晚期遺址　　　　　　　　475

第二節・西周文化對贛地影響的加劇　　　　480

一　青銅器上的中原烙印　　　　480

二　文化面貌漸趨一致　　　　483

第三節・西周王朝在贛境的統治據點　　　　485

一　應　　　　485

二　艾　　　　487

第九章｜東周時期「吳頭楚尾」的江西（上）

第一節・楚人東進與「吳頭楚尾」格局的形成　　　　491

一　西楚東進歷程　　　　493

二　吳越西擴及楚、吳、越勢力的界定　　　　497

第二節・揚越與幹越民族的分布及融合　　　　507

一　揚越　　　　507

二　幹越　　　　509

三　楚人與徐人　　　　516

第十章｜東周時期「吳頭楚尾」的江西（下）

第一節・農業　　　　522

一　鐵農具的使用與推廣　　　　522

二　糧庫的出現　　　　528

第二節・手工業 530

一 青銅冶鑄業 530

二 紡織業 538

三 竹、木器製造業 552

四 陶器和原始青瓷燒造業 557

第三節・懸棺葬俗 566

一 葬式名稱 566

二 分布 567

三 葬俗特點 571

四 年代 574

第四節・其他習俗 578

一 斷髮紋身 578

二 干欄式建築 580

三 信奉蛇圖騰 580

四 音樂藝術 581

主要參考文獻 585

第一章———

江西遠古人類
活動遺存

當地球的歷史進入到上新世晚期更新世初期，即大約距今兩百六十萬年前，既能直立行走又能製造工具的真正的人類誕生了。從人猿相揖之日起到距今兩萬年前這一漫長的人類歷史時期，考古學家稱之為舊石器時代。由於舊石器時代佔了人類歷史的百分之九十九點九的時段，涵蓋了地質史上的上新世晚期和整個更新世，所以又將其區分為舊石器時代早、中、晚三個時期，分別與直立人（猿人）、早期智人（古人）和晚期智人（新人）相對應。從距今兩萬年至一點五萬年，考古學家稱之為中石器時代，也即從舊石器時代晚期向新石器時代過渡的時期，地質年代上處於晚更新世與早全新世相交的時期。

江西這塊土地上，何時開始有人類活動？是否也經歷過舊石器時代、中石器時代再到新石器時代等歷史發展階段？多少年來，人們一直對這些問題都無言以答。新中國成立後，由於文物考古工作的開展，贛境至今已調查發現和發掘舊石器時代中期遺址兩處、舊石器時代晚期遺址三處、中石器時代遺址兩處，這為探索江西地區遠古人類的活動提供了重要實物例證。

早在一九六二年，中國科學院古脊椎動物與古人類研究所黃萬波先生等在贛東北的樂平縣境湧山岩洞發現了「大熊貓——劍齒象」化石，同時出土數件石片石器[1]，從而揭開了江西舊石器考古的序幕。

1　參見黃萬波、計宏祥：《江西樂平「大熊貓——劍齒象」化石及其洞穴堆積》，《古脊椎動物與古人類》第七卷二期（1963年）。

第一節 ▶ 舊石器中期遺存的發現

根據目前已發現的考古資料，江西舊石器時代遺址可以分屬為洞穴和平原兩種類型，一般以洞穴類型為多，平原類型遺址是在上世紀八〇年代後期緊接湖南發現之後發現的一種新的舊石器遺存類型，因而填補了中國舊石器時代中期平原居住遺址的空白。

一 安義舊石器

一九八八年十二月間，安義縣食品廠工人胡賢鋼在城郊採集到一件疑為石器的石塊，隨即自費赴京來到中國科學院古脊椎動物與古人類研究所請求鑒定，經鑒定後，被確認為人工製品。

根據這一線索，中科院古脊椎與古人類所派員與江西文物考古研究所合作在安義縣開展野外調查，結果在城郊潦河北岸的第二級階地上發現了樟靈崗、鳳凰山和上徐村三處舊石器地點[2]。三個石器地點共獲石製品四十件，都以河床礫石為原料，岩性以砂岩為主，次為脈石英。石製品種類有石片、石核、帶人工痕跡的礫石、石塊和石器等。其中石器十九件，占石製品的百分之四十七點五，有刮削器、砍砸器、尖狀器、手斧、石球和加工石器的工具石錘、石砧（下頁圖 1-1）等。從石製品的特徵看，三個石器地點的標本很相近，因此可以把它們作為同一時代的文化遺存綜合研究。

2　參見李超榮、徐長青：《江西安義潦河發現的舊石器及其意義》，《人類學學報》第十卷第一期（1991 年）。

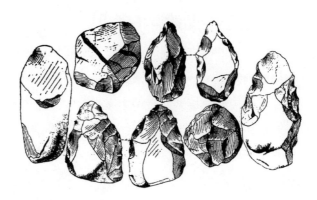

圖 1-1　安義舊石器

　　石片十件，占石製品的百分之二十五，有天然臺面、素臺面和修理臺面三種，而以天然臺面最多。石片中最重者七百五十克，最輕者五克，一般重十三至一百五十七克。石片形狀大部不規整，從石片的腹面看，半錐體平的居多，明顯的較少，打擊泡平的多，凸的少。石片背面大多都保留不同程度的礫石面。

　　石核九件，占石製品的百分之二十二點五，素材以礫石為主，按臺面分，有單臺面、雙臺面和多臺面之分。大小相差懸殊，最大者長兩百四十七、寬一百零八、厚六十八毫米，重三千克；最小者長五十九、寬五十九、厚五十毫米，重一百九十六克。

　　刮削器，數量最多，主要用石片和石塊加工而成。長厚型和長薄型各占一半。加工方式主要是向背面加工[3]。最重的兩百三

3　對石器的加工方式，學者們有不同的劃分法，但一般稱有向背面、向腹面、交互、錯向和異向加工五種。凸而窄的一面稱背面，平或凹而

十三克，最輕的十五克，一般重七十七至一百六十三克。表面大多數都保留不同程度的天然面，所有標本都為單刃，根據刃緣形狀又可分為直刃、凸刃和凹刃三種。

砍砸器，全部用礫石製成，器型粗大。最重的兩千兩百二十五克，最輕的四百六十五克，一般長一百三十四毫米到一百三十八毫米，寬七十五毫米到八十八毫米，厚四十四毫米到五十九毫米。刃緣加工方式有向腹面、向背面和交互三種。加工普遍粗糙，刃緣不平直。依據刃緣形態分單刃和雙刃兩種。器表面還多有鐵錳斑點膜。

尖狀器，全部用礫石和石塊製作。最重的一千零五十四克，最大的長兩百零六毫米、寬九十二毫米、厚五十二毫米。加工方式有向背面、異向和錯向多種，且較粗糙，刃緣不平齊，器型也不太規整

手斧，數量不多，用石塊和厚石片加工而成。大小不一，器型輪廓有似三角形和長錐形，加工方法多樣。

石球，數量也不多，全都用脈石英礫石製作。球形不太規整，均保留三分之一的礫石面。採用交互打擊法加工而成。

石錘，僅一件。用扁長的單端雜砂岩礫石製成，重兩百克，長一百零一毫米、寬五十一毫米、厚三十二毫米。握持端保留礫石面，使用端打擊點清楚。

寬的一面稱腹面。錯向加工指一邊向背另一邊向腹加工；異向加工指一邊的上（或下）端向背面而下（或上）端向腹面加工。參見李超榮：《江西安義縣舊石器的研究》，《江西文物》一九九一年第三期。

石砧，僅一件。素材為砂岩扁平礫石。重一千四百五十克，長一百六十五毫米、寬九十五毫米、厚六十二毫米。在礫石兩面中央有人為的坑疤，只是一面的坑疤較深，另一面較淺。這類石砧可能有的用於砸擊石片，有的用於修整石器。

二　新余舊石器

在一九八九年發現安義縣三處平原舊石器地點後，為了擴大成果，同年年底，中國科學院古脊椎動物與古人類研究所和江西省文物考古研究所以及新余縣博物館又聯合組成野外考察隊在新余地區開展工作，結果又在新余市郊的袁河岸邊發現龔家山、打鼓嶺兩處舊石器地點，採集各類石製品四十九件[4]。

這些石製品也以河床礫石為原料，岩性則以脈石英為主，次為石英岩。石製品種類也有石片、石核、帶人為痕跡的石塊和石器等。石器種類有刮削器、砍砸器和球形石等。加工石器的素材以石片稍多，其次是石塊和礫石。打片與加工方法多為錘擊法。從石片、石核和石器上礫石面的保留程度來看，石核的利用率極低。

石片，幾乎全部都呈天然臺面。最大的一件長六十六毫米、寬六十六毫米、厚十五毫米，重七十三克；最小的一件長二十一毫米、寬十五毫米、厚七毫米，重三克。一般長四十毫米。全部石片保留有程度不同的礫石面。

4　參見李超榮、侯遠志、王強《江西新余發現的舊石器》，《人類學學報》第十三卷第四期。

石核，多以礫石為主，有的利用礫石面打擊石片，石片不很規則。石核上有三分之一以不同程度保留礫石面。最重的一件為一千兩百二十四克，最輕的一件為二十九克。

刮削器，數量也最多。加工方式主要是向背面加工。依據刃緣的形態也可分為直刃、凸刃和凹刃三種。

砍砸器，僅一件，用脈石英石塊加工成的小砍砸器，凸刃。長八十二、寬七十一、厚三十毫米，重一百七十三克。由破裂面向背面加工，形成較凸的刃部。

球形石，僅一件，出自於地層中。系用脈石英礫石為素材製成。輪廓呈球形，加工痕跡少，估計是加工石球的半成品，球體保留有較多的礫石面。長一百一十毫米、寬一百毫米、厚八十五毫米，重一千兩百二十八克。

三　安義、新余舊石器的特點和年代

從安義、新余發現的舊石器看，儘管它們分別發現於兩個不同的舊石器地點群，但表現出較多的共性和風格：第一，製品的原料全部為礫石，岩性基本上是砂岩和脈石英；第二，石器的組合多樣化，但都以刮削器的數量最多，石球、手斧兩地點都發現較少，卻頗具自身特色；第三，石器加工方式多樣，有向背面、向腹面、交互、錯向和異向加工五種，都以向背面加工為主，其次為異向加工等；第四，打片技術也較簡單，主要是錘擊法，偶見砸擊法；第五，石器以大型的為多，尤其是安義舊石器，長度在一百毫米以上的竟占石器總數的百分之六十三；重量在兩百克以上的占到石器總數的百分之六十八點四；第六，大部分石器都

保留有不同程度的礫石面，說明石核的利用率極低。

當然細加比較，也不難發現兩地點群的石器製作在某些局部特徵上也不盡相同，如安義舊石器的素材以礫石和石塊為主，次為石片，而新余舊石器的素材則多見石片；又如新余舊石器的個體相對比之安義的要小些。

通過安義、新余舊石器器類的介紹，清楚地看出刮削器在石製品中占的比例最大。刮削器是中國舊石器時代文化遺存中常見的一種石器，雖然它和砍砸器、尖狀器等石器一樣，都是多功能的工具，但其主要功能應是用來剝製獸皮、切剔筋肉。此外，還發現有其功能類似於刮削器的手斧和用來作為絆獸索的石球等，這些都有力地證明安義、新余舊石器大多是與狩獵生活方式有關的工具，反映出遠古人類主要從事的經濟活動應是狩獵業，兼及一些採集活動。

對安義、新余舊石器的時代，學術界尚存在一定分歧。最初發現者李超榮依據地貌、地層和石製品的性質特點認為地質時代屬晚更新世，即舊石器時代中晚期，新余舊石器的地質時代為晚更新世晚期，即舊石器時代晚期[5]。曹柯平則從地質學、考古類型學以及考古類型學與地質學相結合等多角度考證，認為它們的年代應相當於中更新世晚期至晚更新世早期，也即舊石器中期，

5　參見李超榮：《江西安義縣舊石器的研究》，《江西文物》一九九一年第三期。

絕對年代為距今四十萬到二十萬年[6]。

　　安義、新余五個地點的石器雖多採自地表，但從標本表面都保留原來的面貌，且棱角分明，有鐵錳斑膜來看，說明它們應屬於地層裏的遺物，而此地層就是潦河、袁河的第二級階地的紅色粘土，高出河面約十五米。由長江中下游地區河流階地發育序列看[7]，第二級階地紅色粘土的地質形成時代為大姑——廬山間冰期的末期至廬山冰期早期，也即晚更新世早期，考古學上即相當於舊石器時代中期。曹柯平推定其絕對年代的範圍大體是可信的，只是考慮到這一年代的跨度太長，其上限已到舊石器時代早期，因此，為要探究安義、新余舊石器更較接近的歷史真實年代，還有必要進一步將兩地舊石器的特點、整體文化面貌與南方地區其他舊石器相比較，從中找尋出它們的異同及演進規律，並比照南方某些舊石器遺存的測年，才能較準確地推斷出安義、新余舊石器的絕對年代。

　　近幾十年來，中國南方地區舊石器文化遺存已有較多的發現，其綜合研究也取得了顯著進展，有的學者將中國南方的舊石器分為石片石器傳統和礫石——石核石器（或稱礫石石器工業）

6　參見曹柯平：《江西舊石器年代考證》，《南方文物》一九九八年第四期；曹柯平：《江西舊石器、中石器文化之探索》，載《江西歷史研究論集》，江西人民出版社一九九九年版，第 15 頁。

7　參見劉東生等：《中國第四紀沉積物區域分佈特徵的探討》，《第四紀地質問題》，科學出版社一九六四年版；江西省地質礦產局：《江西省區域地質志》，地質出版社一九八四年版。

傳統[8]，將安義、新余舊石器與之比照，從大的文化面貌來說顯然屬後一傳統。

早年，在廣西百色地區右江兩岸三、四級階地上曾發現一批舊石器[9]，是典型屬於華南礫石石器工業傳統。其石製品的特徵是：第一，原料基本上都是礫石。岩性以砂岩為主，次為矽質岩。第二，大部分石器用厚重的礫石製成。第三，多利用礫石原來的自然面作臺面直接打片，極少部分是用石片疤作打擊臺面。第四，石器加工普遍使用錘擊法和碰砧法。加工方式以單面加工為主，也有一部分是交互加工、錯向加工。在加工礫石時，多數是向背面加工；加工石片時則大部分是向破裂面加工。第五，石器多碩大厚重。第六，石器種類較單調，主要有砍砸器、尖狀器、手斧、刮削器等，其中以手斧數量最多。

顯然，將安義、新余舊石器與廣西百色舊石器比較，發現它們之間有著不少共性，諸如石製品以礫石為原材料、較多採用錘擊法直接加工、石器普遍碩大、多保留礫石面、石器種類中都有手斧等等，這些共性，表明安義、新余舊石器與廣西百色舊石器是同屬一個大的華南礫石石器工業傳統，但是，認真觀察又不難發現它們之間的明顯差異，如廣西發現的手斧數量多，而且製作

8　參見今明《檢閱過去開拓未來 —— 紀念和縣猿人頭蓋骨發現十周年》，《文物研究》第期。

9　參見李炎賢、尤玉柱《廣西百色發現的舊石器》，《古脊椎動物與古人類》第十三卷第四期（1975 年）；曾祥旺：《廣西百色發現的舊石器》，《史前研究》一九八三年第二期。

精細，而江西發現很少；又如江西發現有石球，而廣西百色則根本不見。特別是從廣西百色右江流域舊石器的技術水準和整體文化面貌論，與北京人時代早期甚或與藍田人相當，即距今大約七十萬到一百萬年，而江西、安義舊石器顯然要比其晚得多。

若再將安義、新余舊石器與安徽水陽江[10]，特別是和廣東河源[11]發現的舊石器比較，不僅發現它們均同屬於南方大的礫石石器文化傳統，而且從石器的特徵、種類、對礫石岩性的取向、製作加工具體方式等都表現出更多的共性：第一，石製品的原材料全部是用礫石和石塊，岩性都以砂岩為主，次為石英岩等；第二，石器標本中，用礫石和石塊加工的為多，次為石片；第三，石器組合中，砍砸器和尖狀器占較大比例；第四，石器都較碩大厚重，長度在一百毫米以上的占多數；第五，石器加工方式多樣，且第二步加工都較粗糙，都未發現用間接打擊法產生的石器。當然，它們之間也有少許差異，如江西、安徽舊石器中發現的石球在廣東河源不見，加工石器時多用錘擊法，而河源則多採用碰砧法。這種差異顯然是因各地自然環境條件不同等多方面因素所致。

安徽水陽江舊石器發現於兩岸的二級階地上，廣東河源舊石器則發現於東江支流的三級階地的磚紅色紅土層中，從它們的河

10　參見房迎三《皖南水陽江舊石器地點群調查簡報》，《文物研究》一九八八年第 3 期。

11　參見曾祥旺《廣東河源燈塔鎮發現的舊石器》，《南方文物》一九九六年第 3 期。

流階地發育序列判斷，在地質時代上都屬於中更新世晚期，或到晚更新世早期，也即相當於石器時代中期，與江西安義、新余舊石器的地質時代大體相當。值得注意的是，廣東河源埋藏舊石器的第三級階地的磚紅色紅土曾經熱釋光測定，其絕對年代為距今十八萬零九百九十五年正負九千零四十九年。為此，我們推斷安義、新余舊石器的絕對年代也應為距今約二十萬年左右。

根據人類學家對中國已發現的人類化石的研究，人類從猿人階段進化到早期智人階段，大體就在距今二十萬年前後，也即相當於考古學上的舊石器時代中期。這一時期，陝西、四川、安徽、湖南、湖北、廣西、廣東等省區都先後發現了文化面貌基本相近且數量較多的舊石器；與此同時，這一時期的人類化石也多有發現，如陝西大荔人頭骨化石距今為二十萬九千年[12]；安徽巢縣人類化石距今約二十二萬年[13]；湖北長陽人化石距今約十七萬五千——二十一萬五千年[14]；廣東馬壩人頭骨化石距今約十二萬九千年[15]。因此，這一時期，在江西地區發現如安義、新余那樣二十萬年前的舊石器時代中期遺址那是情理中事。

據中國人類學家研究，早期智人階段也即考古學上的舊石器

12　參見吳新智、尤玉柱《大荔人及其文化》，《考古與文物》一九八〇年第一期。

13　參見方篤生《和縣、巢縣人類化石研究綜述》，《文物研究》第四期。

14　參見陳鐵梅《我國舊石器考古年代學的進展與述評》表二，《考古學報》一九八八年第三期。

15　參見吳新智《馬壩人在人類進化中的位置》，載《紀念馬壩人化石發現卅周年文集》，文物出版社一九八八年版。

時代中期，其社會組織比猿人階段有了進一步發展，其婚姻形態也發生了重大變化，即由血緣群婚向族外婚制過渡。恩格斯稱族外婚制為普那路亞（夏威夷語，意義親密的夥伴）群婚制。這種族外婚制是禁止以往血緣群婚家族內兄弟姐妹之間的婚姻，當然這種過渡是極其緩慢的，開始只排除同胞兄弟姐妹間的婚姻，以後再排除旁系兄弟姐妹間的婚姻，變成了一個集團中的一群姐妹與另一集團的一群兄弟發生婚姻關係。這是婚姻關係史上的第二個進步。恩格斯說：「如果說家庭組織上的第一個進步在於排除了父母和子女之間相互的性關係，那麼，第二個進步就在於對於姐妹和兄弟也排除了這種關係。」[16]隨著族外婚制的推行，血緣家族遭到破壞，氏族制首先是母系氏族制逐漸形成了。也就正如恩格斯所指出的：「一切兄弟和姐妹間，甚至母方最遠的旁系親屬間的性交關係的禁例一經成立，上述的集團便轉化為氏族了。」[17]儘管江西境內目前發現的早期智人的材料不很豐富，但可以有理由判斷這一時期同樣經歷了從血緣家族向母系氏族制的過渡。

16　恩格斯：《家庭、私有制和國家的起源》，《馬克斯恩格斯全集》第四卷，人民出版社一九七六年版，第33頁。

17　恩格斯：《家庭、私有制和國家的起源》，《馬克斯恩格斯選集》第四卷，人民出版社一九七六年版，第37頁。

第二節 ▶ 舊石器晚期遺存

在遠古人類的發展史上，到了距今五萬年至兩萬年間，考古學上稱為舊石器時代晚期，相當於地質時代的晚更新世晚期。這時的人類已從早期智人（古人）進一步發展成為晚期智人（新人）。晚期智人在體質上已屬於現代人類，所以這時世界上三大人種也已基本形成。中國境內至今發現的人骨化石全都屬於原始蒙古人種，而現代中國人基本上都屬於蒙古人種，因此可以說處於中國舊石器晚期的晚期智人應是我們的直系祖先。目前江西發現的舊石器時代晚期遺存只有洞穴類型，主要是萬年吊桶環遺址下層和樂平湧山岩洞遺址。平原類型遺址尚待發現。

一　吊桶環遺址下層文化

萬年縣位於江西東北部，樂安省下游，鄱陽湖東南岸。吊桶環遺址地處萬年縣大源鎮境內。大源位於縣城陳營鎮東北十三公里，地處東部高中丘區，四面高山環拱，中為條帶狀實呈葫蘆形盆地，整個地形由東南向西北傾斜。盆地西南面為紅壤高山，且有許多條形山坡伸展到盆地上面，吊桶環即位於西南面的一條形山坡上，海拔高度約九十六點二米，與其東北之仙人洞直線距離約八百米。吊桶環呈一通透式岩棚，是由於岩石經長期水溶解的地質作用而形成，因其內頂弧似一木桶吊環而被俗稱為吊桶環（下頁圖 2）。

二十世紀九〇年代，由北京大學考古系、江西省文物考古研究所與美國安得沃考古研究基金會馬尼士博士聯合組成「中美農

圖2　萬年吊桶環遺址外景

圖3　吊桶環遺址發掘現場

業考古隊」對吊桶環遺址進行了兩次考古發掘[18]（圖3）。經過
多次的發掘，證明吊桶環遺址堆積較厚，地層清晰，有著從舊石

18　參見嚴文明、彭適凡《仙人洞與吊桶環──華南史前考古的重大突
　　破》，《中國文物報》二〇〇〇年七月五日；劉詩中：《江西仙人洞和
　　吊桶環發掘獲重要進展》，《中國文物報》一九九六年一月二十八日。

器時代晚期經中石器時代的過渡階段再到新石器時代早期的典型洞穴遺存，這樣完整的地層序列，不僅在華南地區，就是在全國範圍內也是不多見的，它對於探索華南地區原始人類從晚更新世晚期到全新世初期的演化歷程無疑有著極其重要的意義。正因為如此，國家文物主管部門組織專家評審，吊桶環和仙人洞遺址一併被評為一九九五年度全國十大考古發現，世紀交迭之際又被評為二十世紀百項重大考古發現之一。

吊桶環的地層堆積，按英文字母序號從上往下順排，即 A—O 共 15 層。最下面的 O、N、M 和 L 諸層，是在原生堆積之上的地層，只見有用火的痕跡，伴出的還有少量獸骨，基本不見人類文化遺物，表明這時的吊桶環還僅是原始先民臨時停留地或季節性營地，其較穩定的住地有可能在大源盆地周圍的另一個山崗。因此，吊桶環的真正有人類居住的地層堆積應是從 K、J 層開始。根據各層出土的文化遺物、自然物和孢粉、植矽石的科學分析所提供的資料，並參照碳十四的測定年代，吊桶環遺址的文化堆積大體可分下、中、上層文化。上層文化為新石器時代早期；中層文化為中石器時代；下層文化則為舊石器時代晚期[19]。

下層文化，包括底層的 K、J 兩個自然層和相關的燒火遺跡。出土有一批打製石器和少量骨角器以及一些獸骨等。其石製

19　參見彭適凡、周廣明《仙人洞與吊桶環──舊石器時代向新石器時代過渡模式的個案研究》，《華南及東南亞地區史前考古》，文物出版社，二○○五年。

品和石器有如下特點[20]：第一，以石片石器為主，且形體普遍較小，未見大型礫石石器。第二，石器原料多是燧石、石英和水晶等矽質岩類。第三，硬錘技術普遍應用於各種原料的剝片，砸擊技術也有較多的應用，但主要應用於燧石礫石及石英等個體細小的原料。第四，石器加工修理比較簡單，刻意精細加工的定型石器基本不見，刃部修復的疤痕多很短小，刃口較平齊。第五，石器組合有邊刮器、端刮器、凹缺刮器、鑽具等，其中可歸屬于邊刮器類者數量較多，形狀多為不等邊三角形，普遍具有較明顯的打擊點、半錐體、放射線和波浪紋等痕跡（圖4）。

圖4　吊桶環下文化層出土之燧石器

20　參見王幼平《復原仙人洞人歷史的石製品》，《中國文物報》二〇〇〇年七月五日。

吊桶環下層出土有大量獸骨化石，經初步鑑定有水鹿、梅花鹿、赤鹿、小麂、麝、鬣狗、野豬、牛、大熊貓、小靈貓、大靈貓、貉、熊、鼬鼠、獐、水獺、獼猴、兔、羊、龜及雞、鴨和禽鳥等，其中以鹿科動物為最多，屬於華南型大熊貓——劍齒象動物群。

除打製石器外，還出現骨角器。骨角器中有一件角斧，是利用帶基部的鹿角進行加工製作的，即在下端刮削出雙面刃，削磨較細，是舊石器晚期製作精美的骨角器之一，表明當時的原始先民已經掌握骨、角材料的特性，使用了一種不同於石器製造方法的特殊工藝。同時，也說明當時人們使用的工具已更多樣化，其從事的狩獵經濟活動也得到進一步發展。又從吊桶環的 K、J 地層中發現有數量很少的野生稻形態植矽石來看，反映當時的原始居民除採掘野果、根莖充饑外，野生稻也有可能是採集活動的不穩定物件。

二　吊桶環遺址下層的年代

從吊桶環下層石器製作的一些特徵及其總體面貌看，與華北各地舊石器時代晚期流行的石片石器普遍變小沒有太大的區別。

南方地區發現的舊石器時代晚期遺址較多，雖然由於自然生態環境的不同，加以錯綜複雜的文化遷移和相互交叉影響傳播等關係，各地舊石器時代晚期的文化特徵頗不相同，但只要我們將吊桶環下層舊石器與南方某些晚期舊石器比較，也不難發現它們之間的強烈共性和內在規律。

如長江上游的四川漢源縣富林遺址[21]和廣東封開縣羅沙岩遺址第二層[22]以及湖北江陵縣雞公山遺址上文化層[23]等，若將吊桶環下層的石製品分別與之比較，無論是石器的類型、大小或打製技術至少在以下諸方面有其相近之處：第一，絕大部分是形體較小的石片石器，漢源富林的石器甚至更小，有的幾可稱為細石器。這一特徵顯然都與華北地區的小石器傳統有聯係；第二，石器所用原料都是以燧石為主，次為石英、水晶、石英岩等；第三，打片普遍以錘擊法為主導，次為砸擊技術，且主要用於燧石礫石及石英等個體細小的原料；第四，石器加工修理技術較簡單，刻意精心加工的雕刻器少見。

依據上述諸遺址發現的打製石器的特點、性質及伴出的動物化石判斷，這些遺址均應屬晚更新世晚期的文化。有必要注意的是，廣東封開羅沙岩第二層的年代經碳十四測試為距今約兩萬兩千四百年，湖北江陵雞公山上層文化的年代為距今兩萬至一萬年，因而，吊桶環下層的碳十四測定年代為距今約兩萬三千年左右應該是可信的。

江西舊石器時代晚期文化除吊桶環下層外，尚有最早發現的樂平湧山岩洞和萍鄉竹園山洞遺存。它們都屬於洞穴類型遺址。

21　參見張森水《富林文化》，《古脊椎動物與古人類》第十五卷第一期（1977年）

22　參見張鎮洪《廣東舊石器時代考古有新突破》，《中國文物報》一九九二年十二月二十日。

23　參見湖北省歷史學會等編《南國名都江陵》，湖北教育出版社一九九三年版。

樂平湧山巖洞發現的石片石器經賈蘭坡教授精心觀察認為，石片的打擊點、臺面和破裂面等基本特徵都很明顯，尤其是臺面的兩側有兩次打擊點，是人為加工的印記，而不是自然力作用的結果。伴出的動物化石有豪豬、黑鼠、劍齒象、犀、水牛、羊、水鹿等，都屬於大熊貓——劍齒象動物群。對於這批動物群化石及打製石器的時代，目前尚有一些不同的看法，有人認為應屬於中更新世[24]，那就是說應屬舊石器時代中期，但也有學者認為，考慮到大熊貓——劍齒象動物群代表著熱帶或亞熱帶條件下的哺乳動物群落，其時代延續比較長，即不同時代的地層中都含有這一動物群，故其堆積時代不能排除屬於晚更新世[25]。由於發現石製品太少，我們只能暫且將其劃屬舊石器時代晚期遺存。

一九八二年，萍鄉市宣風鎮的農民在竹園山洞洞口挖陷井時發現一批動物化石，爾後，中國科學院古脊椎動物與古人類研究所、江西省文物考古研究所和萍鄉市博物館曾分別於一九八三年、一九八五年、一九八六年和一九八八年四次對洞穴進行考察試掘，共獲取東方劍齒象、大熊貓、鹿、犀、野豬、豪豬、竹鼠、狗、獏、龜等動物化石標本近兩百件，還出土一件經人工打製的石器[26]。顯然，石器的年代當和動物化石的年代相當。但同樣限於標本太少，也只能暫且將其歸屬為舊石器時代晚期文化

---

24 參見黃萬波、計宏祥《江西樂平「大熊貓——劍齒象」化石及其洞穴堆積》，《古脊椎動物與古人類》第七卷第二期（1963年）。
25 參見尤玉柱《史前考古埋藏學概論》，文物出版社年一九八九年版。
26 參見肖一亭、彭雲秋《萍鄉市竹園山洞考察紀要》，《江西歷史文物》一九八七年第一期。

的一個點。

此後，在贛南的龍南、瑞金和贛北的彭澤等地的一些岩洞中，又相繼發現了不少動物化石，都為我們尋找遠古人類活動的蹤跡提供了極有意義的線索。

第三節 ▶ 中石器時代遺存的發現

任何事物的發展都是漸進的，人類社會的發展更是如此。從晚更新世末到全新世初是人類發展史上至為關鍵的發展時期，在這一期間，地球上一些地區的遠古人類經歷了從舊石器時代的利用性經濟向新石器時代生產性經濟的過渡，這一過渡時期，考古學界一般稱為中石器時代，也有的稱為舊石器時代末期。至今江西地區發現的中石器時代遺址只有萬年縣吊桶環遺址的中層和仙人洞遺址的下層。

一 吊桶環遺址中層文化

吊桶環中層文化包含的地層為 I、H、G、F 等四個自然層和所屬的遺跡。從出土的人工遺物看，其文化特徵為：

第一，石製品與下層即舊石器晚期明顯不同的是出現了不少大型石器（尤其在 H 層），開始出現小型石片石器與大型礫石石器並存的局面。

第二，小型的石片石器在原料選擇、加工技術與石器組合方面與下層均無差異。大型石器則有兩種情況：較早出現者，多是硬錘技術加工的產物，選用不同形狀的礫石，直接加工出砍砸器

等不同類型的工具（圖5）；稍後在繼續使用打製技術的同時，一些不經過加工，利用礫石原來形狀直接使用的工具數量漸多，如長柱狀的礫石石錘、長尖狀的礫石穿孔器等。

第三，在石器的組合中，用扁平狀礫石加工的砍砸器或石刀的數量較多，長條形的礫石石錘也很多，刮削器等小型石片石器的數量則漸趨減少。

圖5　吊桶環中文化層出土之砍砸器

第四，這一時期除繼續加工一些骨角器外，還開始對河蚌進行直接加工。這時的蚌器，蚌體寬大厚重，表層較光，殼體打鑿出孔洞，有單孔和雙孔之分，孔徑較大，孔洞主要是從殼體腹部向背部方向進行單向打鑿琢製而成，然後在邊緣稍加修整而已。

第五，屬於這一時期的 G 層突然出現大量雙峰類型的野生稻植矽石[27]，說明在此期間曾出現過一個溫暖潮濕的環境，由此

27　參見趙志軍《稻穀起源的新證據——對江西萬年吊桶環遺址出土的稻

引起稻屬植物的大規模北侵，乃至被廣泛地分布於贛境北部地方。也正是從這一時段起，野生稻的採集更成為吊桶環人經濟生活方式的一部分。

二　仙人洞遺址下層文化

在贛東北的萬年縣大源盆地小河山腳下，有一個石灰岩溶洞，名叫「仙人洞」，它與吊桶環遺址同處於一個地理單元。「仙者，仙人之所居也。」這裏的人們一代又一代地如是傳說著。直到上世紀六〇年代的兩次考古試掘，特別是九〇年代中美農業考古隊的兩次科學發掘和多學科的綜合研究，才最終破譯了仙人洞文化之謎，證明在遙遠的中石器時代，這裏確曾有人居住生活過，但其主人既不是「仙人」，也非現代人，而是一處遠古人類的天然棲息之所（下頁圖6）。

仙人洞的洞前左側約七十米許，有條寬約四十米的大源河，從東南流來然後沿著洞左側的小荷山腳向西北流去。在洞前約三十米許，尚有「一水孤橋」，這一無名小溪從西面的大荷山腳流經仙人洞前而匯入大源河。

仙人洞口面朝東南，洞口頂部海拔高度為三十五米許，洞口底部高出洞前水稻田僅兩米。洞口開闊並向前伸展呈岩廈狀，斷面作弧形，高達十六米，寬約二十四米。

屬植矽石研究》，《農業考古》一九九八年第一期。

圖 6　萬年仙人洞遺址外景

　　圖 7　仙人洞遺址發掘現場

仙人洞遺址，早在上世紀六〇年代就進行過兩次試掘[28]（圖7）。近三十年後，中美農業考古隊又兩次對該遺址進行精心取樣和發掘[29]。通過前後多次發掘和研究，不僅理清了仙人洞遺址東區和西區的地層迭壓情況，而且發現仙人洞與處於同一地理單元的吊桶環之間有著極其密切的相互往來和承襲的文化傳統，完全可以相互對應和銜接起來。

從仙人洞下層文化出土的人工遺物分析，其文化特徵為：第一，石器中已出現大型石器，也有部分小型的石片石器，即有大型石器與小型石器同時並存的情況；第二，繼續加工製作骨角器和蚌器，如骨錐、角鏟和小蚌殼穿孔器等，只是出土數量較少；第三，地層中也發現有屬野生稻的植矽石，尚不見人工栽培稻的植矽石，說明這時仙人洞人的經濟活動仍以狩獵為主，兼採根莖果實、野生稻和水生動物等。

顯然，從仙人洞下層的文化面貌特別是石製品的特徵看，明顯有別於吊桶環遺址下層舊石器時代晚期文化，而和其中層文化完全相同，這就清楚地表明仙人洞下層與吊桶環中層是同屬於一個時期即中石器時代的文化遺存。經對兩遺址相關層位的碳十四年代測定也都在距今兩萬年至一萬五千年的時段內。

28　參見江西省文物管理委員會《江西萬年大源仙人洞洞穴遺址試掘》，《考古學報》一九六三年第一期；《江西萬年大源仙人洞洞穴遺址第二次發掘簡報》，《文物》一九七六年第十二期。

29　參見嚴文明、彭適凡《仙人洞與吊桶環——華南史前考古的重大突破》，《中國文物報》二〇〇〇年七月五日；劉詩中：《江西仙人洞和吊桶環發掘獲重要進展》，《中國文物報》一九九六年一月二十八日。

通過吊桶環遺址下、中層和仙人洞遺址下層地層堆積的揭示和文化性質的剖析，使我們能大體瞭解整個大源盆地古代原始居民從舊石器時代晚期到中石器時代的發展演進歷程，初步勾劃出古代吊桶環—仙人洞人與自然、與社會的全息歷史圖景。

在距今約兩萬三千年前後，即舊石器時代晚期，大源盆地仍為一水網、沼澤地帶，仙人洞洞口幾乎常年淹沒在水中，當時的原始先民只能在周圍的山崗上過著極其艱難的狩獵、採集生活，吊桶環遺址由於其所處海拔高度相對比仙人洞高，又有其半封閉式的岩棚，因而很自然成為當時原始人類用以狩獵和採集的臨時活動地或季節性住地，故而保留一些燒火堆遺跡，並留下一些細小石器和獸骨等。到距今約兩萬年至一萬五千年時，即中石器時代，從全球看，正是人類歷史上處於末次冰期的最盛期，處於從晚更新世末大理冰期的盛冰期向晚更新世末大理冰期的晚冰期過渡階段，也即地球從最冷到逐漸變暖演變，海面降低達百米左右[30]，就在這種大理冰期接近結束，氣候日趨變暖情況下，大源盆地的地理生態環境也發生了巨大變化，首先河床下退，仙人洞洞口開始露出水面，甚至出現一個相對較穩定的不受洪水浸泡的時期，這時在吊桶環居住的部分原始先民才開始走下山崗而搬遷至仙人洞居住，只是當時的洞內依然常年積水或潮濕，故只能利

30　參見楊懷仁等《中國東部晚更新世以來的海面升降運動與氣候變化》，《第四紀冰川與第四紀地質論文集》第二集，地質出版社一九八五年版。

用岩廈狀的寬敞洞口作為棲息之所，它可以避風雨禦嚴寒，這就形成了仙人洞的下層堆積。他們是仙人洞遺址至今發現的最早一批在此固定居住的原始居民，也即仙人洞史前居民的第一個高峰期。

第二章——

新石器時代早期農業

氏族部落文化

大約距今一萬五千年至一萬年間，全球正處於更新世末次冰期的晚段，最後一次冰期消退，氣候更趨變暖，地質史的發展進入了全新世時代。

這一時期，是人類發展史上至為關鍵的發展階段，地球上一些地區的遠古人類經歷了從舊石器的攫取性經濟向新石器時代生產性經濟的過渡，其中涉及到農業、畜牧業、製陶術、紡織工藝的發生以及早期聚落、宗教、藝術的起源等一系列深刻影響後來人類文明發展的重大事件，這些無疑是舊石器時代向新石器時代過渡階段即中石器時代結束，另一個嶄新的新石器時代到來的標誌。恩格斯曾總結說：「蒙昧時代是以採集現成的天然產物為主的時期，人類的製造品主要是用作這種採集的輔助工具。野蠻時代是學會經營畜牧業和農業的時期，是學會靠人類的活動來增加天然生產的方法的時期。」[1]

江西地區目前發現屬這一時期的原始人群就是贛東北的萬年仙人洞氏族部落，它像一顆璀璨的原始文化明珠鑲嵌在贛鄱大地上。處於這一階段的萬年大源盆地的原始居民，生存環境進一步發生變化並得到較大改善，已把仙人洞作為較穩定的生活住地，從而形成了仙人洞上層文化的豐厚堆積，也即仙人洞史前人群的第二個高峰期。而此時的吊桶環已不再作為固定的居所，從其上層出土有成千上萬的動物骨骼碎片來看，當是居住在仙人洞的人

1　恩格斯：《家庭、私有制和國家的起源》，《馬克思恩格斯選集》人民出版社一九七六年版，第 25 頁。

群在這一帶狩獵的臨時營地或屠宰場。

第一節 ▶ 種類多樣的工具

　　棲息於仙人洞的新石器時代早期的先民，從事各種生產活動的工具、用具，已有了較明顯的分工，他們利用當地的資源，製造各種必需的工具，有木器、石器、骨器、角器、蚌器等，以石器為主。

一　石器

　　這時仙人洞人製造和使用的石器與下層文化不同的是，以大型礫石石器和礫石穿孔石器為主，只有少量石片石器[2]。質料有石英脈、砂岩和燧石等，而以砂岩占多數。

　　大型礫石器仍多用兩面硬錘技術加工，選用不同形狀的礫石，直接加工成砍砸器、敲砸器、盤狀器和石核石器等一類工具（下頁圖 1）。這些打製石器多承襲舊石器時代晚期以來的石器製作傳統，大多數都用單面打擊法，打擊點、半錐體、放射線、波浪紋等都較明顯，全身保持大部分礫石面，很少有第二步加工修整。

　　砍砸器，均採用厚塊的或較薄的礫石製作，形狀有不規則的長方形和扁橢圓形兩種，一般只在一端打出刃部，不加修整即行

第二章・新石器時代早期農業氏族部落文化

2　參見王幼平《復原仙人洞人歷史的石製品》，《中國文物報》二〇〇〇年七月五日。

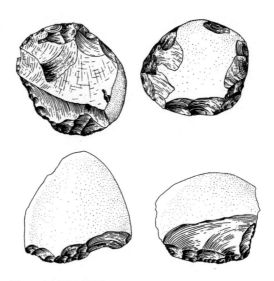

圖1　大型礫石石器

使用。有的是直接拿在手裏使用，有的可能按上木柄使用，多用於砍伐樹木、砸碎獸骨等。

　　敲砸器，多作扁體圓形，僅簡單的稍作加工即用，多用周緣棱脊敲擊野果或骨髓。

　　盤狀器，多為扁圓形礫石製成，邊緣經過打擊，修出刃部。刃口有細小的剝落疤痕，說明經過較多的使用。

　　小型石片石器，多為燧石、石英質料，器類多為刮削器，有較明顯的加工和使用痕跡，但多不成型，很少第二步加工修整。除少數呈棱形外，多為不等邊三角形，刃部有短小疤痕，打擊點和劈裂面清楚。一般長四至六點七釐米、寬三點七至四點四釐米。石片石器的使用方法，有的系直接用來刮削切割，有的則作為複合工具使用，即將石片嵌裝在骨梗或竹、木槽中，製成帶把

手的刀削，以切割獸肉。

值得注意的是，這時的磨製及穿孔技術已更多地被引入石器加工，如新出現的梭形石器、錐狀石器、穿孔重石器、石刀、石磨盤及梭形石網墜等，這種磨製石器大部分都是利用扁圓形砂岩和礫石製成，數量雖少，但它採用了先進的磨製與鑽孔技術，而且其功能多與原始農業生產有關。

梭形石器，兩端尖，背部隆起，剖面呈半橢圓形，似織梭，磨製較精，形狀基本一致，只是大小不同，大者長九點七釐米，應為實用器，小者僅長二點七釐米。

錐狀石器，有的一端尖，另一端渾圓（圖2），有的一面扁平，中間微凹，另一面隆起，剖面呈半橢圓形，兩端較細，通體磨製。

圖2　錐形石器

二　骨、角（牙）器

大量使用骨、角（牙）器，而且製作相當精緻和講究，是仙人洞新石器早期文化一個重要特色。骨器的器類有錐、針、鑽、鏟、鑿、刀箭頭和魚鏢（叉）等；角器有鑿、錐、斧、投擲器和角拍等[3]。

3　參見周廣明：《新石器革命的個案研究──萬年仙人洞文化稻作起源

針、錐、鑽等為穿刺用的工具。骨錐形器數量最多，形制各異，有兩端尖、中間帶脊、兩側磨成刃口、橫剖面呈扁三棱形的；有一端尖銳、一端扁寬的；也有兩端尖、全身呈渾圓形的。骨針，都是骨條磨成，大小長短不一，多較細長，斷面為圓形或橢圓形[4]。一般都有穿孔，且多對鑽而成，出土時大多穿孔一端已殘失，系經常使用所致。

骨鏟，是用動物的長骨製成，製作方法是將長骨縱向剖開兩半，並將長骨的一端打磨成薄刃。按刃口的形狀可分為圓純刃、尖狀刃、傾斜刃、平直刃諸種（圖3）。

角鑿多用鹿角的一段或半邊切割成斜刃或雙面刃並稍加磨製而成，刃平齊或呈弧狀（圖4）。此類角鑿多用來掘土和撬集植物塊根。

骨刀，是將獸骨劈開，做成扁長體

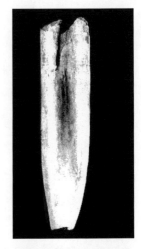

圖3　骨鏟

圖4　角鑿

初探》，《東方博物》第五輯。

4　參見江西省文物管理委員會《江西萬年大源仙人洞洞穴遺址試掘》，《考古學報》一九六三年第一期；江西省博物館：《江西萬年大源仙人洞洞穴遺址第二次發掘報告》，《文物》一九七六年第十二期。

的小刀，身厚有棱，一端細磨成圓柄。

牙刀，是利用動物的犬齒劈取半邊，磨出弧形刃部而成。全器呈弧形。

骨箭頭（鏃），體形作扁尖狀，扁體棱形，兩翼鋒利，通體磨製。它是遠距離射殺武器弓箭的重要組成部分。

骨魚鏢，是一種有效的叉魚複合工具。都是用動物長骨劈取一半製成。有的兩端都作成尖狀，有的一端尖狀另一端呈等腰三角形；骨面兩側分別鋸切有倒鉤兩個或三、四個不等，只是有的對稱，有的不對稱，和仙人洞下層中石器時代不同的是，基本都是不對稱（圖5）。雙面都起脊，後端兩側都有兩個對稱的凸節。製作工藝的順序是截取骨料、製作成型和加工修整三步，方法是鋸、刮、剔刻和磨製等。

投擲器，是一種借助槓桿發力的複合工具，主要特徵是在獸角柱狀的一端，由骨表向腔體方向鑿刻成連續或不連續的「V」形凹槽，凹槽下端往往鋸刻一周或半周凹道。這種投擲器在中國乃至歐洲、南美一些新石器時代遺址中都曾發現，它多是用來投擲彈子以獵打鳥禽和小動物的。彈子則為陶、石質的球形狀。

三　蚌器

它是利用吃剩的厚殼蚌加工而成的，

圖 5　骨魚鏢

在大源盆地，蚌器開始出現於吊桶環中層和仙人洞下層，到仙人洞上層文化即新石器時代早期時，螺、蚌等水生動物明顯增多，蚌器也有更多出現。早期蚌器，蚌體較大厚重，孔徑也較大，多單孔，也有雙孔，孔洞主要由背、腹兩面相向打鑿而成，並對孔緣部分稍加修整（圖6）。晚期蚌器，蚌體相對較小，穿孔有單孔、雙孔甚或四孔之分，孔徑普遍較小，孔洞由打鑿變為先打後鑽發展至兩面對鑽（圖7）。蚌器的器類有蚌刀、蚌耜等，而以蚌刀為多，其功能是多方面的，既可切割、刮削，還可挖掘根莖，但主要應是與農業有關的撬土和掐取稻穗的原始農具。

圖6　雙孔蚌器　　　　　圖7　單孔蚌器

第二節 ▶ 稻作農業起源

一　從野生稻到栽培稻

稻作農業究竟起源於何時何地？多少年來一直是海內外學者苦苦探索的不解之謎。二十世紀七〇年代以前國外學者認為起源

於南亞的印度；七〇年代浙江餘姚河姆渡出土大量稻穀、稻杆後，人們開始把注意力轉向沼澤地帶的杭州灣；八〇年代隨著洞庭湖流域八、九千年稻作遺存的發現，人們又把目光集中在長江中游的丘陵盆地；九〇年代中美農業考古隊對江西萬年仙人洞與吊桶環遺址發掘後，人們的認識又有新的突破。

　　仙人洞與吊桶環的一項驚世發現就是在吊桶環中石器時代地層中發現有大量野生稻，這是中國長江流域首次發現的早於栽培稻的考古遺存；在吊桶環和仙人洞的新石器時代早期即距今一萬二千年前的地層中開始發現人工栽培稻，經植物學家研究，這種水稻兼具野、秈、粳稻特徵，是一種由野生稻向人工馴化稻演化的古栽培稻類型，它是現今所知世界上年代最早的栽培稻遺存之一，它有力地昭示，贛鄱地區是亞洲和世界稻作農業一個重要的發祥地。

　　人們也許要問，是不是在兩遺址地層中發現有稻穀遺痕？如果沒有發現那怎麼知道有野生和栽培稻呢？這就是當今考古學借助現代自然科學手段綜合檢測分析研究的結果。

　　首先，在仙人洞的諸地層和洞外稻田中分別採集標本，然後進行孢粉分析，結果發現禾本科花粉在仙人洞遺址全部剖面中有自下而上數量逐漸增多的規律，在自下而上的六個文化層（4B、4A、3C、3C1B、3B2、3B1）中，3B1層出現的禾本科花粉最多，約占孢粉總量的百分之六至九。又據對洞外水稻田和小湖岸表土的檢測分析，其禾本科花粉直徑均在四十五微米到五十五微米的範圍，而含量最高的為四十五微米的花粉，由此可見屬於四十五微米大小的禾本科花粉肯定是現在栽培稻的水稻花粉，而在

第二章・新石器時代早期農業氏族部落文化

135

仙人洞諸文化層中屬四十五微米大小的禾本科花粉僅在 3B1 層中發現，而且在 3B1 層中發現的十三個禾本科的花粉只有兩個屬於四十五微米大小，其餘的均小於四十微米，由此可以推定 3B1 層中的兩個四十五微米大小的禾本科花粉很可能屬於人工栽培稻的花粉[5]。

此外，也是最主要手段就是運用植矽石的分析方法[6]。中美考古學者在吊桶環和仙人洞的諸地層中共採集了近四十個用來作植矽石分析的樣品，然後農業考古學家進行分析研究，結果在諸多樣品中找到了一千六百餘個各種植物的矽酸體，其中包括六百餘個稻屬植矽石的個體。他們還利用多元分析的統計學方法比較了雙峰體形態的稻屬植矽石，而且區別出野生稻和栽培稻植矽石的不同形態，進而發現兩者在早晚不同地層的分布規律：在吊桶環遺址的 H、I、J、K、L 和 M 層中只發現數量很少的野生稻（Oryza nivara）形態的植矽石，這些層位的年代大體應距今一萬七千年到兩萬年範圍之內。到吊桶環 G 層則出現大量野生稻形態植矽石，尚未見栽培稻的植矽石，此一層位的年代當距今一萬六千年左右。在吊桶環的 E 層和仙人洞的 3C1A 層則既有野生稻

5　參見王憲曾《江西萬年縣仙人洞遺址孢粉研究簡報》。

6　參見趙志軍《稻穀起源的新證據──對江西萬年吊桶環遺址出土的稻屬植矽石研究》，《農業考古》一九九八年第一期；參見簡・利比《跨學科研究稻作農業的起源》，載《農業考古》一九九八年第一期。Zhao,Z.,「Rice Domestication in the Middle Yangtze Region, China:An Application of Phytolith Analysis". Dissertation for Degree of Philosophy at the University of Missouri at Columbia. 1996.

又開始出現人工栽培稻（Oryza Sativa）的植矽石共存現象，這兩個層位的時代正處於新石器時代早期最早階段，大約在距今一萬兩千年到一萬五千年之間。此後，在吊桶環的 D 層和仙人洞的 3B1 和 3B2 層所見仍是野生和栽培稻植矽石共存，只是後者的數量比前增多了；在吊桶環的 C、B 層和仙人洞的 3A 至 2A 層中出土的稻屬植矽石，則以栽培稻為主，其數量竟達百分之五十五以上，而野生稻則日趨減少，這些地層的時代當屬新石器時代早期偏晚，大約在距今一萬年至一萬兩千年之間。

從上述野生稻和栽培稻在吊桶環與仙人洞早晚不同地層的分布規律及其相互消長的變化情況看，在兩處新石器時代早期諸地層中，從早至晚野生稻植矽石的比例逐漸減少而栽培稻植矽石的比例相應遞增，這就清楚地揭示了大源盆地的原始居民由以採集野生稻為主的攫取性經濟向以人工栽培稻為主的生產性經濟這一生存方式的轉化過程。

有意義的是，湖南道縣玉蟾岩洞穴遺址中也曾出土四枚稻穀殼[7]，據農史學家初步電鏡分析，是屬於一種兼有野、秈、粳綜合特徵的從普通野生稻向栽培稻初期演化的最原始的古栽培稻類型。玉蟾岩遺存的年代，參照其附近文化性質相同的三角岩遺址的碳十四測試資料（1260±120 年），估計其年代當在一萬兩千年前，即大體也在上述吊桶環 E 層和仙人洞 3C1A 層的年代範圍之內，這有力說明長江中游地區應是世界稻作農耕文化的重要發祥地。

7　參見張文緒等《湖南道縣玉蟾岩古栽培稻的初步研究》，《作物學報》第二十四卷第四期一九九九年。

二　農耕工具

仙人洞人從事農耕生產的工具是相當原始的，其器類主要有木器、石器和蚌器等。

木器，是人類最早使用和製造的工具之一。古籍記載：「夫蚩尤之時，民用剝木以戰矣。」（《呂氏春秋》）；「斷木為杵，掘地為臼。」（《易・系辭》）這些雖都是傳說，但反映出我們遠古先民最早使用的工具和武器多是木器，只可惜都無法保存下來。

石製品，屬於農耕作業的石器目前只發現有穿孔重石器和碾磨器等。

穿孔重石器，多用扁圓或橢圓形礫石或砂岩製成，多數扁薄，少量厚重，中穿一孔。穿孔方法一般都是先在中部打鑿出孔窩，然後用對鑽法穿通並加工修整。多數的孔已對鑽通，只有少數僅見有打鑿出孔窩的半成品。有的保留原礫石面，基本未經打磨修整；有的則周身磨製光滑（下頁圖 8）。大者圓徑達十五點九釐米，一般的圓徑多在十釐米左右，厚多為二釐米到三釐米，內孔徑多為一點三釐米至二點三釐米不等。這種穿孔石器，需將一根長長的竹、木棒一端插嵌入穿孔中，使用時手握木柄上端，因重心在下，故用以作為點播的工具。海外如澳大利亞以及中國雲南一些民族志材料[8]，也證明這種穿孔石器是用來作為農耕點

8　參見周國興《澳大利亞少數民族的重石器》，《北京晚報》一九八三年三月五日。

播的一種穿孔重石器。

　　石磨盤，形體都較大，有的兩面都有磨面，顯然其主要功能應是作為穀物加工碾磨的工具（圖9）。

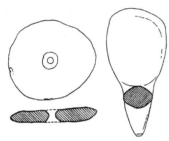

圖8　穿孔重石器和錐形石器

圖9　石磨盤

　　與農耕有關的蚌器，目前僅見有蚌耜和蚌刀兩種。都是用厚蚌殼製成，故質地堅硬，用以翻整土地和收割農作物都有一定成效。

　　蚌耜，這類蚌器是指那種帶雙孔且排列於蚌頂的一端，或指那種在蚌殼兩側各穿兩孔的穿孔蚌器。使用時裝上木柄，則可用於撬土[9]。裝柄的方法，有的是先將用

圖10　蚌耜使用示意圖

9　參見李恒賢《江西古農具定名初探》，《農業考古》一九八一年第二期。

於系柄的纖維或繩的兩端從貼近木柄的一面穿出，然後再從不同的方向分別繞過蚌耜的邊緣，再經柄的背後繞回，這樣反覆繞紮幾道即成（上頁圖 10）；有的亦可能是將柄的下端破開，用以夾住蚌耜，然後再繫繩紮牢。這種用來翻土的蚌農器，在一些新石器時代遺址中也多有出土，只是有的學者稱為「蚌鋤」[10]，有的稱為「蚌鏟」，是一種除草的工具[11]。

蚌刀，主要是指那種只穿一孔而且是孔徑較大的穿孔蚌器，穿孔部位多數在蚌的中部，有的稍偏一側，穿孔方法也分為打鑿和對鑽兩種，有的打鑿後稍加修磨，孔徑有大、中型之分，中型者孔徑約二點二釐米，大型者孔徑約三點五釐米。其功能是用來掐取野生稻或栽培稻的稻穗的，所以大部分穿孔蚌器的邊緣均有磨擦痕或小疤痕，顯然是使用所致。

衡量稻作農業起源地必備的四個條件是：一是該地區必須具備適宜野生稻廣泛生長的古生態環境；二是該地區必須發現最古老的栽培稻並同時發現最古老的野生祖先種普通野生稻；三是該地區必須發現有與稻作農耕生產相關的工具；四是該地區必須生活相對龐大的部族群體。對照上述四個必備條件，萬年大源盆地不僅有著極為適宜野生稻生長的古生態環境，有著從舊石器晚期經中石器再到新石器早期原始人群生活的連續堆積，發現有與稻

10 參見龐朝彬《試論我國原始農業的起源》，《廣西民族學院學報》一九八〇年第三期。

11 參見王仁湘《論我國新石器時代的蚌制生產工具》，《農業考古》一九八七年第一期。

作農業相關的農具，而且通過植矽石和孢粉等分析法，發現了最古老的野生普通稻和人工栽培稻，這表明萬年仙人洞文化原始稻作農業的產生是一個必然的過程和結果。

由於大源盆地低窪沼澤地帶從很遙遠的古代起就有野生稻的廣泛分布，吊桶環和仙人洞的遠古先民，對野生稻由萌發生長再抽穗結實到成熟枯萎的全過程，年復一年的觀察，依靠經驗的傳承和群體的記憶，有意無意地開始了對野生稻的人工馴化，稻作農耕文化便因此而產生了，只是它是個極為緩慢的漸進過程。

第三節 ▶ 製陶術的發明

一　早期陶器的特徵

距今約一萬五千年至一萬兩千年前後，隨著人類從利用性經濟過渡到生產性經濟，人們開始定居下來，除了產生原始農藝外，還開始發明陶器。「水火既濟而土合」（宋應星《天工開物‧陶埏》），自從有了陶器，人類可以貯水以備隨時飲用，更可蒸煮熟食。陶器的發明是原始社會科學技術的一次飛躍。

中國的陶器最早發明於何時何地？同樣是一個多年不解之謎。中國古籍上記載：「黃帝有陶正，昆吾作陶。」（《呂氏春秋》）「有虞氏上（尚）陶。」（《考工記》）「神農作甕，軒轅作碗碟。」（《物原》）但是，傳說終歸是傳說，最終還得靠科學的地下考古資料說話。非常有意義的是，萬年仙人洞與吊桶環遺址的另一項驚世考古發現，就是出土了距今一萬二、三千年的早期

陶器,這不僅是中國也是當今世界範圍內年代最早的陶器之一。

　　兩處遺址共出土早期陶片達八百餘塊(圖 11)。對這批陶片,中美古陶瓷研究專家都曾進行過切片和熱釋光、化學組成、顯微結構、受熱行為以及燒成溫度等各項分析研究,其檢測結論基本是一致的[12]。這批早期陶器有如下一些特點:

圖 11　原始陶片

　　第一,這些早期陶片一般都是質地粗糙,多砂質陶,所含顆粒以石英、長石為主,還有少量的白雲母和赤鐵礦,個別陶片中還含有方解石,石英或長石的粒徑大小不一,一般多在一毫米到三毫米之間,有的達七毫米以上,二十世紀六〇年代發現的一塊石英顆粒最大徑長一釐米,厚零點五釐米[13],需要注意的是,這

12　參見吳瑞等《江西萬年仙人洞遺址出土陶片的科學技術研究》,《古陶瓷科學技術二〇〇二年國際討論會論文集》,上海科技文獻出版社二〇〇二年版,第 1-9 頁。

13　參見彭適凡《萬年仙人洞新石器早期文化的幾個問題》,《江西先秦考

些砂粒都是製陶原料中所固有的，並非人工摻入，也未經任何的篩選。通過對仙人洞附近紅土的化學組成與早期陶片的化學組成的檢測結果非常相近來看，當時的原始人類對製陶原料不曾進行有意識的選擇，對製陶原料的性能也無任何要求，一般就是就地取土，而且主要是採用當地的紅土，個別有時也採用當地普通的黃土。其器壁普遍較厚，一般都在零點七釐米以上，有的達一點二釐米。

第二，早期陶器器表的顏色多呈灰褐色、灰紅色、灰黑色或灰黃色諸種，並且大部分內外表的呈色多不一致，有的在一塊小的陶片上外表面為炭黑色、中間為灰黑色而內表面又為鐵紅色；有的如夾心餅乾一樣為灰紅色夾黑芯陶，等等。這種器表及內外呈色的不同，顯然是燒造時的氣氛有別所致，是由於無窯平地堆燒而形成的，因為四面受熱溫度不一，又都是在充分氧化氣氛中燒成，組成中的鐵被氧化成高價鐵，所以一般的陶片呈灰紅色。但在燒成初期的低溫階段往往有大量的煙塵附著在陶器表面，甚至滲入到內部，而在燒成的高溫階段未得到充分氧化，就會出現灰黑色陶器和內部灰黑色而表層呈灰紅色的陶器，這和當時燒陶器時的天氣、風向、燒成時間也都有

圖12　直口深腹圖底罐

關係。

第三，從陶器的殘片觀察，器形較為單一，只見有一種直口或口微侈的圜底罐。六〇年代復原的一件直口深腹圜底罐應是一種最具代表性的常見器物（圖12）。

第四，陶器器表多數有紋飾，只有少量素面陶。紋飾種類主要有似籃紋的條紋和粗繩紋兩類，尚有一些似繩紋的網結紋和少量編織紋。多數繩紋有相互交錯和疊壓現象，有的繩紋分為一段一段的，中間有凸條紋間隔，各自成組；有的在繩紋之上再刻劃大小方格紋。

早期陶器裝飾上的另一個特點是，在唇沿上用竹刀或小棒較均勻地壓出一周「V」字形或「U」字形齒形凹槽，並在近口部用小棒狀器由內壁向外或由外壁向內較均勻地戳出一周單行乳凸，乳突直徑平均零點六釐米，有的用力過頭，戳通成一小孔。

早期陶器裝飾上尚有一個重要特點是，有不少陶器的裏外壁都拍打有紋飾，且多為繩紋，只是大部分一致也有少數內外不一致。

第五，據有關的測試資料，這批早期陶器的燒成溫度都是在攝氏七百四十度至八百四十度之間變動，這麼低的燒成溫度說明它們不是在陶窯中燒製的，而有可能就是平地堆燒而成的。

二　早前陶器製作工藝

到底是什麼靈感，促使人類發明了陶器，也就是說，陶器究竟是在什麼情況下創造發明的？傳統的是經典作家恩格斯的說法：「可以證明，在許多地方，也許是在一切地方，陶器的製造

都是由於在編製的或木製的容器上塗粘土使之能夠耐火而產生的。在這樣做時，人們不久便發現，成型的粘土不要內部的容器，也可以用於這個目的。」[14]但近代的考古發掘和若干邊遠地區至今保留的古老原始製陶工藝的考察都未發現支援這種說法的證據，至少在中國是如此。而仙人洞與吊桶環出土的早期陶器，既然是世界上年代最早的陶器之一，在中國古代陶器的發展史上具有一定代表性，對它作一全面分析研究，無疑對探索中國古代陶器的起源及早期陶器的工藝發展過程提供了極為重要的實物資料。

根據反覆觀察和研究，仙人洞和吊桶環這批早期陶器的製作工藝，大體經過了拉坯成型、器表拍打修整、燒製等三個步驟。

第一步，拉坯成型。當時的仙人洞人對水、土和火的凝煉藝術尚處於朦朧階段，對製陶原料性能要求還沒有多少認識，還不懂得對陶土進行篩選和煉製，於是直接將當地的紅土拌水揉合就拉坯成型。這時拉坯成型的方法大致有兩種，即泥片疊塑和泥條盤築法。泥片疊塑是用手將泥片一層層往上貼塑成基本形狀；泥條盤築法則是用事先作好的長長的泥條層層向上圈築的（下頁圖13），故這類陶器破裂時多是從泥條對接處斷開。

第二步，拍打修整。用泥片貼塑法成型的陶器，修整的方法至少可以觀察到有兩種，一種是用手將隨手抓來的稻杆或草蕨類

14　恩格斯：《家庭、私有制和國家起源》，《馬克思恩格斯選集》人民出版社一九七六年版，第四卷，第十八頁。

圖13　泥條盤築法示意圖

在坯體內外上下擦削，目的是消去接痕，使胎體較為規整、緊密，厚薄較為一致，擦削的結果是器表多留下似籃紋的條狀紋，由於是不規則的隨手擦壓，故條紋顯得既深淺不一，又模糊錯亂；另一種是用事先做好的竹（或木、骨）質平齒形片狀器在器體內外平行刮削，外表多從唇部開始一直往下刮，因而在內外壁也形成粗疏較一致的似淺籃紋的條狀紋。有時對陶器的唇沿或口部有意進行某些裝飾。採用這兩種修整方法製成的陶器可統稱為條紋陶[15]，只是有的在用上述方法修削整形後，又將留下的條紋遺痕用手局部或全部抹去，至今在有的陶片內表面還可看到有指印或指甲印，那這種被抹去條紋的素面陶，無疑是同時的燒製品。

15　通風張池《江西萬年早期陶器和稻屬植矽石遺存》，載嚴文明、安田喜憲主編《稻作、陶器和都市的起源》，文物出版社二〇〇〇年版，第43-49頁。

用泥條盤築法成型的陶器，其表面較普遍飾有繩紋一類的紋飾，目的仍然是使胎體更加黏合緊密規整。這類繩紋的特點是粗細不一，大都在一毫米至三毫米之間，且有的較為錯亂，似繩紋時而又帶點網結，但主體仍是繩紋。從這些粗細繩紋特點作風觀察，應該是通過兩種方法形成製作的，一種方法也是最常見的是在木拍上纏上成束的線或繩或經搓揉的植物纖維，然後進行拍打；另一種方法是直接用當時仙人洞地區存在較多的動物——鹿角進行拍打，那種帶些網結的繩紋顯然就是鹿角拍打所致。其具體拍法分兩種情況，一種是僅拍打陶器外壁，從唇沿一直往下豎拍，當然時而也有交錯，這可稱為單面繩紋陶；另一種是內外壁都進行拍打，外壁為豎拍，而內壁則多為橫拍，只是有時內壁拍完後，又用手抹平僅留下指甲印。這些繩紋陶器的口沿內外，一般多抹得光滑，有的還在口沿外壁用木棒從外向內戳印一排或兩排圓窩紋，有的在外壁或內外壁塗抹紅朱。還有兩三塊泥條盤築陶片的外壁拍印有草編或繩編席狀紋，有的學者稱為編織紋陶，只是數量極少。

第三步，燒製。根據這些早期陶器的呈色和燒製情況判斷，仙人洞的先民們一直沒有使用陶窯燒製陶器；從仙人洞陶器的實測燒成溫度來看，這麼低的溫度也不可能是在陶窯中燒成，而很有可能是在平地架柴火堆燒而成。

三　與國內外早期陶器的比較

恩格斯曾經指出，人類由野蠻的低級階段向文明階段的發展

「是從學會製陶開始的」[16]。人類文明的發生與發展是多元的，陶器的發明，是人類在長期的社會實踐過程中，對水、土和火的征服，不僅在中華大地，也是世界各地史前文化中較為普遍發現的現象。將仙人洞與吊桶環發現的早期陶器與華南乃至國外發現的早期陶器作一比較，對於推定其燒製年代及揭示早期陶器的規律應是大有裨益的。

核對這批早期陶器的出土地層，我們發現了這樣一個規律：仙人洞出土陶器的最早層位是 3C1B 層，所出陶片均為條紋陶，未見其他紋飾的陶器，其上一層 3C1A 層所出陶器則有條紋陶，也有素面陶。而再上的 3B2、3B1、3A 層則只發現有繩紋陶和極少的編織紋陶，未見有條紋陶和素面陶。值得注意的是，上述出土最早條紋陶和素面陶的 3C1B 和 3C1A 層，恰恰是仙人洞上層文化的最早階段，而不見有條紋陶只見有繩紋陶的 3B2、3B1 和 3A 層恰恰又是仙人洞上層文化的晚段，這就清楚地揭示出仙人洞新石器時代早期文化中原始陶器是從單一的條紋陶或素面陶逐漸向繩紋陶和編織紋陶的演變進程，這對於探討人類最初對陶製品的認識和發明都有其重要意義。

關於仙人洞與吊桶環最早期的條紋陶、素面陶的年代，按照其屬新石器時代早期最早段的推論，當在距今約一萬二千年至一萬五千年範圍之內，但其具體年代如何？根據仙人洞 3B1 層出土木炭標本的碳十四年代測定結果，為 12430±80BP，而比仙人

16　恩格斯：《家庭、私有制和國家起源》，《馬克思恩格斯選集》，人民出版社一九七六年版，第四卷，第 18 頁。

洞 3B1 層更早的 3C1B 層所出最早的條紋陶的年代無疑要比這一資料的年代要早。從目前華南乃至全國同時期發現的早期陶器標本來看，似還未見有仙人洞文化中那種最早的條紋陶；從世界範圍說，倒與西伯利亞阿莫爾河地區的符米（Khummy）、烏斯季諾夫卡（Utsinovvka）三號遺址所出早期陶器無論從陶質還是泥片貼塑成坏然後用梳狀器刮削器壁的製法都有很多相像之處，而符米遺址的年代資料為距今一萬三千兩百六十年，誤差約一百年。日本長崎泉福寺洞穴出土的早期豆粒紋陶，其測年為一萬零五百至一萬兩千五百年[17]。日本福井洞穴第三層出土的類似蘭紋狀和豆粒紋的早期陶器，其測年為一萬兩千四百至一萬兩千七百年。仙人洞上層新石器時代最早段出土的素面陶與廣西桂林廟岩遺址發現的灰褐色素面陶比較，其陶質和制法都表現出基本相似，廟岩與陶片同出的木炭樣品碳十四測年為一萬七千年，而廟岩陶片樣品本身的碳十四測年則分別為一萬五千六百六十年，誤差兩百六十年；距今一萬五千五百六十年，誤差五百年[18]，也就是說基本相近，估計其陶器的燒造和使用年代大體也應在這一範圍之內。通過上述國內外相關資料的簡單對比，並以仙人洞、吊桶環遺址自身標本的測年為基礎，我們初步推定仙人洞最早的條

17　Kajiwara, H. et al., 「A Japanese-Russian Joint Excavation in the Far East: The Discovery of the Oldest Pottery in the Maritime Region of Russia". NOVOSIBIRSK 12（16）:PP 16-17. 1995.

18　Yuan Sixun, et al., 「Applications of AMS Radiocarbon Dating in Chinese Archaeological Studies". AIP CP392, pp 803-806, AIP Press, New York,1997.

紋陶燒製年代至遲也應在距今約一萬三千年左右，也就是說，它無疑應是當今世界範圍內年代最早的陶器之一。

至於仙人洞和吊桶環出土的繩紋陶和編織紋陶的年代，按照其比條紋陶和素面陶稍晚的推論，當應在距今約九千年到一萬兩千年範圍之內。

可以注意到的是，類似於仙人洞的早期繩紋陶和編織紋陶，在中國尤其是華南地區已有多處新石器早期遺址中發現，如湖南道縣玉蟾岩的陶片上[19]，就內外壁施繩紋或編織紋，廣西柳州大龍潭鯉點嘴下層也出土單面施繩紋的早期陶器[20]，看來這似是中國南方地區早期陶器的較普遍特點。玉蟾岩陶片樣品的碳十四年代檢測有兩個資料，即距今一萬四千八百一十年，誤差兩百三十年和距今一萬兩千三百二十年，誤差一百二十年，後一數據與仙人洞出土繩紋陶的 3B1 層的木炭測年資料基本接近。鯉魚嘴下層對螺殼的碳十四測年資料分別為距今一萬八千五百五十五年，誤差三百年和距今兩萬一千零二十五年，誤差四百五十年，這顯然偏早，似不可信，但值得注意的是另一個用炭屑測試的資料為距今一萬一千七百八十五年，可能更符合歷史的真實。比照上述一些南方地區早期繩紋陶的測年，我們初步推定仙人洞文化早期繩紋陶和極少量編織紋陶的年代大體距今約一萬兩千年左右。

---

19 參見袁家榮：《湖南道縣玉蟾岩遺址》，臺北《歷史月刊》一九九六年六月號。

20 參見柳州市博物館：《柳州市大龍潭鯉魚嘴新石器時代貝丘遺址》，《考古》一九八三年第九期。

第四節 ▶ 氏族部落生活

一 原始氏族生活圖景

距今一萬二、三千年前新石器時代早期，大源盆地的仙人洞人從事的是怎樣的勞動？過的是怎樣的生活？時代雖是那麼遙遠，但吊桶環和仙人洞洞口的地層堆積和豐富的出土物，就像一冊史書，記錄了這支遠古先民生產、生活的歷程。

要探尋遠古人們的生產、生活情景，在某些人看來簡直不可思議，而這也許正是考古學家在人們心目中有點神秘莫測的緣故，其實，考古學是一門科學，是歷史科學的重要組成部分，它不能如文藝作品那樣，可以憑空虛構或漫無邊際地想像，它只能是通過層層揭開地層中留下的遺跡、出土的遺物，深入地分析它，研究它，當然，僅依靠這些還不夠，還要藉助人類學、古生物學、民族學和地質學等多學科的綜合考察，才能較真實地復原遠古歷史的模樣。

吊桶環與仙人洞遺址出土有大量動物骨骼，據不完全統計，總計近十萬片（塊），且都較破碎，這應該是原始居民為了吸食骨髓和製作骨器而有意砸碎的。這些動物骨骼，經中美動物考古學家的分析鑒定，都是現在南方各地還存在卻又不是生活在洞穴裏的野生動物，基本上不見有經馴化了的家畜動物。這些野生動物骨骼，雖支離破碎，但透過它，我們卻可窺察出一萬二、三千年前大源盆地的自然生態環境：崇山沒有被開墾，江河不曾被疏治，道路沒有被鑿通……在那四周高山峻嶺上，森林茂密，百獸競逐，特別是那些兇猛的虎豹，經常從那原始森林中咆哮而出，

聲震山林，吞噬群獸，嚴重地威懾著人類；在洞前那葫蘆形盆地裏，並非今天這樣一片良田美景，也不見那寬闊的大源河，古時周圍的山澗流水奔瀉而下，匯聚成一片浩渺的湖沼地，每逢大雨滂沱，山洪暴發，這裏更是一片汪洋，致使仙人洞人不得不臨時搬遷到山洞頂上棲息，值到洪水退去，才返回山洞。

從出土大量動物骨骸看，狩獵活動在當時原始先民的生活中尚佔有相當重要的地位。

從事狩獵活動的一般都是男子，他們面對著成群結隊的兇猛野獸，要想求得生存和獵取食物，就得依靠集體的智慧和力量。我們可以想像這樣一幅生動的狩獵場面：一群原始先民正在洞周圍崇山峻嶺中用木棍追獵野獸，有的發出尖銳的叫聲；有的在一邊用系上繩索的石器投擲過去；有的在另一邊張弓待發，瞄準著驚慌逃竄的獸類。在重創之下，獸類東倒西歪了，隨之而來的是雨點般的木棍，直到將獸類打死。時而，他們有的還採用火攻的辦法捕獲野獸，每個人一手執木棍，一手高舉火把，將野獸往懸崖峭壁的方向驅趕，最後逼野獸在懸崖下摔死。

捕捉魚蝦也多是由男子進行，婦女和小孩有時也相伴加入。最常見的捕魚工具是那種帶倒刺的骨魚鏢，將魚鏢系縛在長長的竹棒或木棍上，就可用來叉魚（下頁圖 14）。

仙人洞附近的崇山峻嶺和湖沼地裏，資源豐富，又是原始先民進行採集的好地方，從事這項活動的則多是婦女和小孩。每逢秋季來臨，深山密林裏果實累累，她們就集體攀登山崖採摘野果；寒冬降至，她們則在湖沼邊的澤地上，用錐形石器、尖木棒和鹿角鏟等工具掘取可食的野草和塊根充饑。

此時的仙人洞人，雖然漁獵和採集經濟活動仍佔據著主導地位，但在長期的觀察和採集野生稻過程中，開始懂得有意識地將野生稻逐步馴化成人工栽培稻。從事這種原始稻作農業的最初也多是婦女，她們將木棍的一端裝上那種圓形或橢圓形穿孔石器（即所謂重石器），如同一些少數民族保留下來的傳統方法一樣進行點播（圖 15）；稻子熟了，她們手執穿孔蚌刀掐取稻穗，用時將蚌刀握在手中。有的學者曾做過這樣的試驗，穿孔蚌器的孔徑較小者可以扣入一指，孔徑較大者可以扣入二指。操作時，右手握蚌刀，左手抓穗，抓穗的手往前推，握刀蚌的手向後拉，前後合力割下穗來。如不將手指扣入孔中，操作時蚌刀容易脫手，連續動作起來也不如扣入手指後那樣利索。掐取稻穗後，然後用石磨盤碾磨加工。[21]

圖 14　骨魚鏢叉魚示意圖　　圖 15　用穿孔重石器進行點播示意圖

21　參見李恒賢：《江西古代農具定名初探》，《農業考古》一九八一年第二期。

自人工栽培稻馴化成功後，隨著大源盆地生態環境的逐步改善，生產技術水準的不斷提高，原始稻作農業的地位日趨上升，即由長期以來依賴天然物的攫取性經濟，逐漸向食物生產型經濟，即農業過渡，最後使稻作農業成為仙人洞人賴以生存的主要食物來源。

儘管如此，當時的大源盆地的自然生態環境依然極為惡劣和艱苦，仙人洞與吊桶環的原始居民戰勝自然的力量仍極微弱，他們憑藉著粗糙原始的工具，特別是集體的力量，與天鬥，與地鬥，與洪水猛獸鬥，創造出得以初步求得生存和繁衍的物質條件，終於還是顯示出人是戰勝和改造大自然的決定因素。

在考察了仙人洞人的物質生活之後，我們再來看看他們的精神世界。

自舊石器時代晚期以來，我們的遠古先民就已經懂得用獸皮、樹皮和樹葉（如芭蕉葉、棕櫚葉等）編綴起來以蔽體。古籍中記載：「古之民，未知為衣服時，衣皮帶茭，冬則不輕而溫，夏則不輕而清。」（《墨子・辭過篇》）「（上古之時）食草木之實，鳥獸之肉。未有麻絲，衣其羽皮。」（《禮記・禮運篇》）「衣皮」「衣其羽皮」都是指用獸皮來遮蔽身體。《史記・河渠書》：「搴長茭兮沈美玉」，茭，指竹繩或草繩之類。裴駰集解引臣瓚的話說：「竹葦絚謂之茭」，「帶茭」，當是用竹繩或草繩捆紮作腰帶用。

從仙人洞和吊桶環遺址出土的遺物來看，當時的原始居民早已懂得「衣皮」或「衣其羽皮」，以禦嚴寒和保護身體，如已發現編綴用的骨針就有十二枚，雖都已殘斷，最長的殘長還有九點

五釐米，每枚頭上都有針眼，針眼孔徑約零點六毫米到一毫米（圖 16）。針身相當圓滑，針尖也相當尖銳，顯然是經過了人工精磨和長期使用磨擦。那時穿針的線多是用野麻或葛藤之類的纖維交揉而成，有時也用野獸的筋撕成一條條作線。

衣皮的最早出現當然不是為了審美的需要，而是為了禦寒、防曬、防雨和防蟲類的侵害，但是，很多資料表明，此時的仙人洞人早已產生了美的追求，如那種通體磨製得扁平和極為光潤的蚌器，中心穿一小孔，這顯然不是工具而是用作項鏈的裝飾品。有的穿孔石器的通身或孔之四周塗抹紅朱；有的陶器內外壁或僅

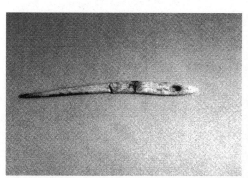

圖 16　骨針

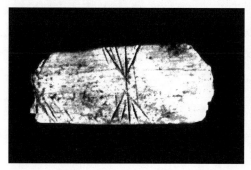

圖 17　刻紋骨片

外壁也塗上紅朱，想來，昔日仙人洞人如一般石器時代的原始人類一樣，也是尚好紅色的。考古工作者在地層和燒火坑邊，就發現了不少赭色砂岩塊，一捏即成粉狀，它應該就是作紅色的原料，另外，在有的礦石上尚殘留著紅衣，這可能就是研磨這種赭色砂岩而遺留的痕跡。

　　有的在細長的骨笄上，或在骨矛形器上以及骨魚鏢背面脊棱兩側，均刻劃出一道道橫道，有的還刻劃出橫直相間的短條文（上頁圖17），這應是中國最早的原始記事、記數符號。

二　社會組織形態

　　仙人洞與吊桶環的原始居民，在集體勞動的前提下，產生了男女兩性之間的自然分工，男子主要狩獵、捕魚、製作工具和械鬥作戰等；婦女主要從事採集和初期的稻作農業，還要燒煮食物，縫製衣皮，操持家務，哺育後代等，採集特別是稻作農業的收穫往往比漁獵活動的收穫來得可靠穩定，能提供較多的生活資

圖18　仙人洞人（女性）頭骨

料，加以婦女擔負的洞裏洞外的一些活動，又都具有公共的社會性質，因此，當時婦女的作用要大於男子，在社會生活中享有崇高的威信和地位（圖18）。

從仙人洞出土有大量文化遺物來看，當年棲息在仙人洞的原始居民，之所以能在這深山峽谷的岩洞裏生存繁衍下來，決不是少數五、六個成員，很可能是一個擁有數十個成員的氏族大家庭，當時氏族酋長都是推選德高望重的婦女擔任。馬克思說：「氏族是由一個假定的女性祖先和她的子女及根據女系永遠傳遞下去的她的女性子孫的子女所組成。」[22]正由於一個氏族是居住在一個洞穴或一個地區、由一位元女祖先繁衍下來（包含本氏族女性和別氏族男性）的血緣集團。它以女性血緣關係為紐帶，經常在一起生活和進行集體勞作。這樣的社會組織就是母系氏族制，而且，這時的母系氏族制早已形成並已有一定發展。當一個氏族發展到一定程度，就會分裂出一個或幾個彼此不相通婚的「女兒氏族」，而許多互相通婚的氏族又會組成部落。

當時實行的婚姻制度還是處於早期智人階段即開始出現的氏族外婚（普那路亞）制，這種婚制禁止氏族內部的婚配，即仙人洞氏族的男子和附近的也許是另一個洞穴裏的氏族的女子通婚，反之，那個氏族的男子則和仙人洞氏族的女子通婚，這種婚制的結果是，兒女只知其母，不知其父，血緣都是按母系計算。恩格斯所描述夏威夷的習俗就是指這種氏族外婚制：「若干數目的姐妹——同胞的或血統較遠的即從（表）姐妹，再從（表）姐妹或更遠一些的姐妹——是他們共同丈夫們的共同妻子，但是在這些

22　馬克恩：《摩爾根（古代社會）一書摘要》，人民出版社 1978 年版，第 76 頁。

共同丈夫之中，排除了她們的兄弟；……同樣一列兄弟——同胞的或血統較遠的——則跟若干數目的女子（只要不是自己的姐妹）共同結婚。」[23]這種氏族外婚制，在今天看來當然是荒謬可笑的，但在當時來說，和以往漫長的歷史時期實行的血緣群婚制比較，又是一個很大的進步，它排除了兄弟姐妹之間的性交關係，對人類自身的繁衍意義重大。正如恩格斯所指出的：「不容置疑，凡血親婚配因這一進步而受到限制的部落，其發展一定要比那些依然把兄弟姐妹之間的結婚當作慣例和義務的部落更加迅速，更加完全。這一進步的影響有多麼強大，可以由氏族的建立來作說明。」[24]在仙人洞母系氏族公社內部，男女成員一律平等，惟獨女子尤其是年長和有經驗的婦女，在氏族公社內居領導地位。他們共同勞動，集體分享，平等互助，財產公有，沒有階級，沒有剝削，過著極其艱苦的母系氏族制的生活。

23　恩格斯：《家庭、私有制和國家的起源》，《馬克思恩格斯選集》第四卷，人民出版社一九七六年版，第 34 頁。

24　恩格斯：《家庭、私有制和國家的起源》，《馬克思恩格斯選集》第四卷，人民出版社一九七六年版，第 33 頁。

第三章——

新石器時代晚期農業

氏族聚落文化

距今一萬餘年前的新石器時代早期萬年仙人洞與吊桶環文化之後，贛境地區的原始居民同樣進入新石器時代中期，但至今這一時段的考古學文化尚是空白，有待今後新的發現。新中國成立以來，經過三次大規模的文物普查，至今全省範圍內，已發現的主要是新石器時代晚期遺址，據初步統計有一百五十餘處之多，它們分布在全省的東、南、西、北、中，幾乎遍布全省各地（圖1），說明在距今六千年到四千年時間裏，江西境內的原始氏族聚落已廣為增多，人丁也日趨繁衍，是贛境地區史前聚落快速發展和繁榮時期。他們沿贛江兩岸及其大小支流的廣大階地、山崗或原野，聚族而居。他們憑藉著勤勞的雙手，披荊斬棘，極其艱苦地為江西大地的最早期開發作出重大貢獻。

從目前發現的這些新石器時代晚期遺址來看，大體可歸屬於兩種類型：第一種類型，即山崗（或稱山坡）遺址。可以修水山背地區諸遺址和樟樹築衛城等遺址為代表。這類遺址分布較為廣泛，有的在贛江平原的邊緣山坡上，有的在山區小溪流的谷地邊緣山崗，地勢稍高，且多向陽傍水，有利於人類繁衍。每處都以較平坦的崗頂為遺址中心，再延及四邊坡地，有的還表現出有類似二層台的地形。這種較平坦的崗頂，有的是自然形成的，但多數似經過人為長期生息居住所致。由於南方雨水較多，這類遺址多數沖刷破壞嚴重，有的遺物甚或遺跡都暴露於地表，當然也有的保存較好，特別是在較平坦的崗頂上還不同程度地保存著一定文化堆積，以築衛城遺址為例，文化堆積層最厚處達三米餘。第二種類型，即臺地遺址，可以樟樹樊城堆、永豐尹家坪、新余拾年山、棋盤山、廣豐社山頭等遺址為代表。這類遺址至今發現的

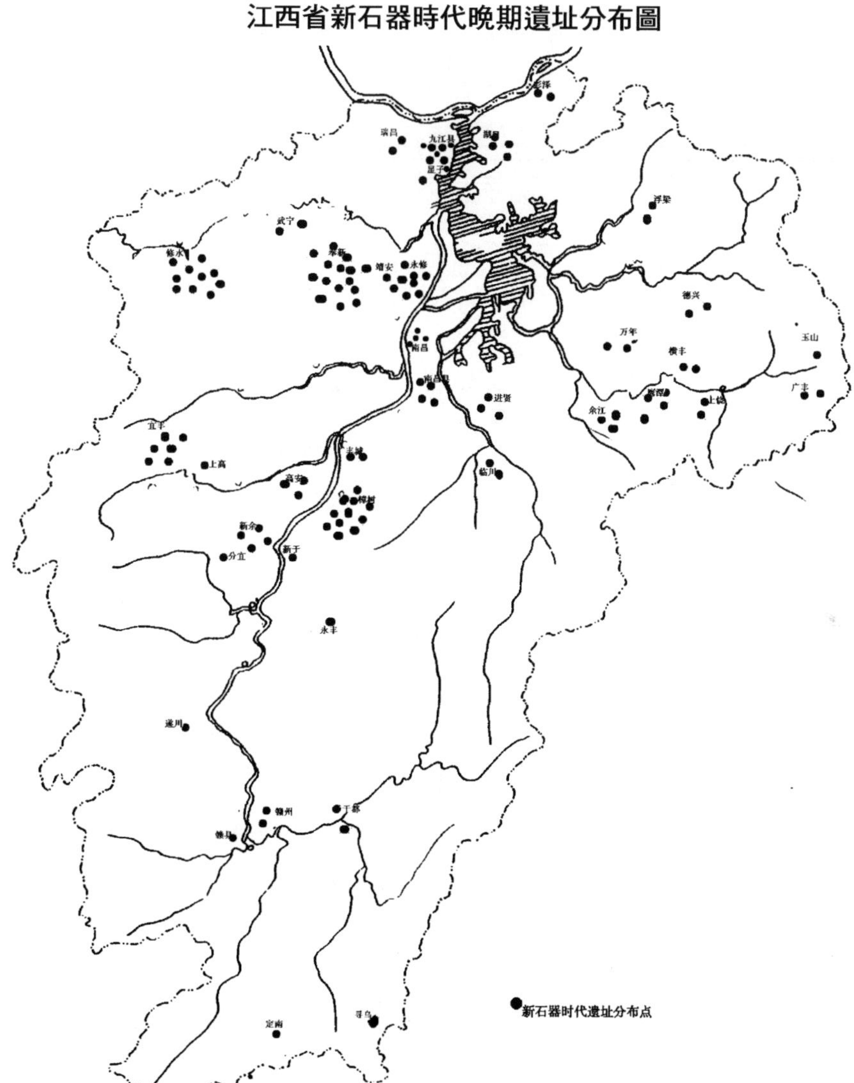

江西省新石器時代晚期遺址分布圖

圖1 江西省新石器時代晚期遺址分布圖

更多，都是坐落在河谷小平原的中間，千餘年來的繁衍堆積使遺址形成了高出地面約數米甚至十餘米的臺地土墩，如新餘棋盤山遺址就高出四周十至十五米。四周有的還環有濠溝，地勢都較低平，現多已闢為農田。由於臺地兀起且較平坦，故其文化堆積一般保存較好，地層疊壓關係也較清楚，也正因地處平原之中，很易墾為農田。

有必要指出的是，贛境地區發現的大量新石器時代晚期遺址，不論是山崗類型還是臺地類型遺址，絕大多數都是非單一的文化堆積，一般都是下層為新石器時代晚期或末期文化，上層為商周文化。這種新石器和商周時期文化堆積普遍連在一起的現象，反映出贛江流域古代先民生息、繁衍的連續性和穩固性。

第一節 ▶ 文化類型

經過考古工作者對諸多新石器時代晚期遺存的科學發掘和初步研究，揭示了多種在文化內涵、時間和地域等方面既有一定聯繫又互有區別的考古學文化的不同類型，也嘗試性地排出了這些考古學文化類型的各自親族關係，即一般所講的譜系[1]。

---

1 參見徐長青《贛北新石器時代文化類型研究》，《南方文物》一九九八年第四期。

一 拾年山文化

拾年山遺址位於新余市北郊約二十公里的水北鄉拾年村東，是一處臺地類型的新石器時代晚期遺址。一九八六年至一九八九年考古工作者先後在此進行了三次發掘[2]，揭露面積一千兩百平方米，清理出一批墓葬、陶片堆、石器堆、房基、灰坑、水井等遺跡，出土大量遺物。考古學者根據其地層和文化內涵、特徵等的不同將下層的新石器時代晚期遺存分為一、二、三期，又通過對三期的石器和陶器器物群的對比分析，認為二、三期文化之間銜接緊密，可構成一個連續的發展階段，但一期文化與二、三期文化之間卻存在著重大的文化斷裂現象，它們不屬於同一文化的兩個發展階段，而是兩個不同的文化群體在此先後活動的結果[3]，因此，有必要將拾年山一期單列出來稱為「拾年山一期文化」，甚或簡稱為「拾年山文化」，以區別於上層的二、三期（屬鄭家坳文化），這無疑有利於江西地區考古學文化的譜系研究。只是目前發現的屬「拾年山一期」的文化遺存不多，至今只發現有安義臺山遺址的下層[4]，其出土的長身寬體弓背錛、方體段部

2　參見江西省文物考古研究所等《江西新余市拾年山遺址》《考古學報》一九九一年第三期；《新余市拾年山遺址第三次發掘》《東南文化》一九九一年第五期。

3　參見劉詩中《拾年山遺存文化分析》《南方文物》一九九二年第三期；徐長青：《拾年山遺址的分期及相關問題研究》《南方文物》一九九六年第二期。

4　參見江西省文物考古研究所《江西安義縣兩處古遺址調查》《江西文物》一九九六年第二期。

微顯銹、弧頂斜刃刀、弧背尖窄刃、穿孔石器以及紅砂陶器等與拾年山第一期文化的同類器相近，它是江西目前所見屬新石器時代晚期偏早階段的僅有的幾處遺址之一，這一資訊，說明以拾年山一期為代表的考古學文化，很可能是分布在贛江中、下游偏西地區的一支新石器時代晚期較早階段的文化。

拾年山文化的石器主要有钁、鋤、斧、錛、流星、環形穿孔石器、網墜、刀、球、餅、磨棒和磨盤等。钁為長梯形，弧背；鋤為魚尾形，雙弧刃；錛多為長身弓背；鏟體薄，多雙孔；穿孔石器，體厚重，通身磨光，對鑽孔規整。钁、鋤、錛、鏟等屬輕便型農業生產工具，是取土、中耕的理想農具，表明無論是農具製作技術或是田間管理均達到一定水準；同時，磨盤、磨棒等穀物加工工具的的出土也是稻作農業有一定發展的印證。顯然，這是一種以農業為本兼有手工業製作以及漁獵活動並存發展的經濟。

拾年山文化的陶器以夾砂紅陶為主，占到百分之四十七，夾砂灰陶約占百分之二十四，特有的泥質紅衣紅陶約占百分之十七。陶器種類較少，器形簡單，僅見有鼎、罐、缽、缸等（下頁圖 2）。鼎只見罐形和釜形鼎，足為單一長舌形。罐作深腹狀，特徵是器體大，直口直腹圜底。罐形器兩側盛行安耳或鋬手作風，耳多為牛鼻式，鋬手多作半橢圓或乳突狀。缽類器有深腹小缽，盆類器多直口圜底，不見平底器和圈足器。器表多素面，少量裝飾只是在口沿外側或沿上，使用壓印、刻劃、戳刺等手法裝飾幾何形圖案。常見的圖案有鋸齒狀紋、人字形刻劃紋、雙線交叉或三角填線刻劃紋、圓窩紋、平行線紋、水波紋等，那種葉脈

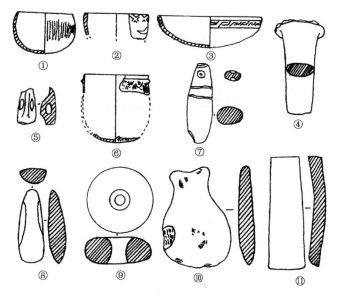

圖2　拾年山文化遺物
①缽　②缸　③缽　④鼎足　⑤器耳　⑥缸　⑦石流星　⑧石钁
⑨環形穿孔石器　⑩石鋤　⑪弓背石錛

狀穀穗紋是原始人對栽培稻的直接寫實和反映其祈求豐收的願望；那種雙線套凸頭紋等就像是原始居民在集體翩翩起舞，慶賀豐收。整個紋飾顯得古拙、深刻而又原始。

　　顯然，從拾年山一期文化的諸文化特徵來看，目前在贛境地區尚未找到能夠相互對應的文化，相反，在贛境以外的地區，卻能發現一些與拾年山一期文化有著千絲萬縷聯繫的文化因素，如陶器中流行的那種牛鼻形罐耳和半月形鋬手作風就與長江下游的

馬家浜文化相似[5]；陶器刻劃紋中的穀穗紋、齒狀紋和平行帶紋中夾人字紋等與湖北境內大溪文化的同類彩陶紋相近[6]；那種刻劃的大折角紋、三角填線紋、雙杠加點紋和橫向曲折紋等又與湖南境內的大溪文化雷同[7]；那種特有的泥質紅陶飾紅衣的裝飾手法在大溪文化和馬家浜文化中也較常見，富有較明顯的時代特色。之所以出現這些相同相似的因素，無疑應是不同的考古學文化相互碰撞、傳遞、交融和重組的結果，為此，拾年山一期文化的年代應大體與大溪文化、馬家浜文化接近，即距今約六千年左右，正處於新石器時代晚期的偏早階段。

二　山背文化

　　山背文化是以贛西北部的修水縣上奉鄉山背鎮新石器時代晚期遺址群而命名的。上世紀六〇年代初考古工作者對山背地區遺址群中的跑馬嶺和楊家坪遺址進行了發掘[8]，結果不僅發現了原始人類的居住遺址，還出土了大批生產工具和生活用具，分析其遺物特點，鮮明的地域性特徵就明顯地表現出來。

5　參見浙江省文管會《浙江嘉興馬家浜新石器時代遺址的發掘》，《考古》一九六一年第七期。

6　參見張緒球《長江中游新石器時代文化概論》，湖北科學技術出版社，一九九二年版。

7　參見湖南省博物館《澧縣東田丁家崗新石器時代遺址》，《湖南考古輯刊》第一輯。

8　參見江西省文物管理委員會：《江西修水山背地區考古調查與試掘》，《考古》一九六二年第七期。

石器總的特點是磨製精細，體大身長，渾厚粗壯。種類有石錛、石斧、石鏃、石鑿、石網墜、扁平長方形石斧和半月形帶孔石刀為代表，其中以有段石錛居多。石斧除常形的外，還出現有一般少見的有段石斧和有肩石斧（圖3）。

　　陶器以夾砂紅陶最多，尚有泥質紅陶、夾砂和泥質灰陶及黑皮陶、蛋殼黑陶等。陶器種類多三足器和圈足器，還有少數圓底器和小凹底器。三足器中又以敞口鼓腹圓底的罐形鼎為多，大量的鼎腿可分側扁式、圓錐式、羊角式、扁平式諸種，而以側扁式為多。**鬶**的特點是直細長頸，稍捏扁帶流無腹，是大汶口文化陶**鬶**的一種變態。圈足器中以侈口瘦腰圓底高圈足杯形豆、淺盤喇叭形高圈足蓋豆、淺盤矮圈足豆、侈口高頸鼓腹圈足壺、直口高頸扁圓腹圈足壺以及侈口矮圈足簋等為最普遍。圓底器多為侈口

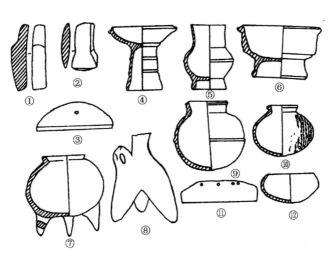

圖3　山背文化遺物
①有段石錛　②雙肩石斧　③⑪石刀　④豆　⑤壺　⑥簋　⑦鼎
⑧鬶　⑨⑩罐　⑫缽

圓腹圜底罐、敞口短頸深腹圜底罐等。此外尚有直口高頸鼓腹平小凹底罐。這些豐富多姿的陶器有機地組成了山背文化特有的器物群。

這些陶器表面一般都較粗糙，只少數掛有一層紅色陶衣或通體磨光，但器身上飾一、二道凹凸弦紋現象較為普遍，幾乎占到整個陶器的百分之九十以上；此外，一個很重要現象就是在極少數陶器

圖4　小口圓腹圜底罐（表面飾編織紋）

上，諸如釜形鼎、小口圓腹圜底罐（圖4）等開始出現有拍印的幾何形紋樣，如方格紋、曲折紋、編織紋和圓圈紋等，且一般都是陽紋。儘管這種印紋陶數量很少，印紋種類不多，拍印技藝也差，但這種早期印紋陶器的開始出現，無疑為探索南方地區後來商周時期廣為興盛的幾何印紋陶的起源提供了極有意義的線索。

在山背遺址發掘後不久，著名考古學家曾昭燏、尹煥章就曾指出，這是分佈在贛江流域的一種具有土著特色的原始文化[9]。正因為山背遺址群出土遺物有如上所述的一些獨有的文化特徵，所以二十世紀八〇年代初期我們就曾將這種以有段石錛和紅砂陶

9　參見《考古學家曾昭燏談江西的原始文化》，《文物工作資料》（內部）一九六二年第二期。

為主要特徵的新石器晚期文化單獨命名為「山背文化」[10]。經過數十年來的考古實踐證明，山背遺址群[11]的文化面貌，儘管有些因素或某一、二種器物表現出與省內甚或長江中、下游的一些新石器晚期文化相同或相近，但總體面貌還是有其濃郁的土著地方特色，非其他考古學文化所能涵納，它是新石器時代晚期主要分佈在贛西北山區即修河支流奉鄉水兩岸及其周邊地區的一支考古學文化。

山背文化的年代，據對山背跑馬嶺遺址下層木炭標本的碳十四測定，年代為西元前兩千八百一十正負一百四十五年，也即距今四千八百年左右。從山背文化出土的陶器與周鄰地區比較來看，諸如出土的陶鬹，頸較細長，流口捏扁而微上翹，乳丁狀袋足等基本特徵明顯和大汶口文化晚期的鬹相當；大汶口文化晚期器物中的背壺、高柄杯和器口上飾加喙狀突的特點[12]，又在陝西廟底溝二期文化中多有所見，這說明它們三者之間的年代應該是相近的，很令人尋味的是，廟底溝二期文化的一件標本（ZK111），碳十四測定為西元前兩千八百七十正負一百四十五年，正好與山背文化的測年基本相合，這就使我們更有把握地推定，山背文化的年代當在距今四千八百年左右應是可信的。

10　參見彭適凡《試論山背文化》，《考古》一九八二年第一期。

11　參見經過三次考古調查，僅在山背村周圍就發現有古文化遺址三類計四十三處，其中大部分的下層都係新石器時代晚期遺址，說明這裏有著較密集的遺址群。

12　參見《河南偃師「滑城」考古調查簡報》，《考古》一九六四年第一期。

三　築衛城文化

築衛城文化是贛境地區新石器時代晚期分布最廣也最有代表性的考古學文化。從現已有的文物普查和考古資料來看，它的分布範圍主要以贛江中游的兩岸及其一些支流兩側為中心，最典型又經過多次科學發掘的遺址是樟樹市（原稱清江縣）境的築衛城遺址下層[13]和樊城堆遺址下層[14]，此外，尚有永豐尹家坪遺址二、三層[15]、樟樹山前大城遺址下層[16]、新幹大洋洲湖西遺址下層[17]等。地處樟樹市的築衛城和樊城堆遺址，一在贛江之東，一在贛江之西，相距三十餘公里，但地層堆積和出土遺物卻完全一樣，其地層堆積都包含著下、中、上三個時期[18]，即下層為新石器時代晚期，中層（第3層）為新石器時代末期或稱江西的龍山

13　參見江西省博物館等《清江築衛城遺址發掘簡報》，《考古》一九七六年第六期；《江西清江築衛城遺址第二次發掘》，《考古》一九八二年第二期。

14　參見清江博物館《江西清江樊城堆遺址試掘》，《考古集刊》第一輯，一九八一年；《清江樊城堆遺址發掘簡報》，《考古與文物》一九八九年第二期。

15　參見江西省文物工作隊《永豐縣尹家坪遺址試掘簡報》，《江西歷史文物》一九八六年第二期。

16　參見江西省文物考古研究所《清江山前遺址調查簡報》，《江西文物》一九八九年第一期。

17　參見江西省文物考古研究所《新幹縣湖西、牛城遺址試掘與復查》，《江西文物》一九九一年第三期。

18　築衛城遺址第一次發掘報告中未將第三層單列為中層，第二次發掘後整理報告時才將其分出；樊城堆遺址原發掘簡報中，都未曾劃分出中層，後來報告整理者才認為有重新將第三層劃出之必要，見李家和等：《江西龍山文化初探》，《東南文化》一九八九年第一期

文化；上層為商周時代。正因為這兩處遺址都是該文化既典型又具代表性遺址，故在文化定名上有的稱為樊城堆文化[19]，有的則稱築衛城文化[20]，還有的合稱為築衛城——樊城堆文化。但根據考古學文化命名的慣例和原則，一般是以最早發現的典型遺址作為考古學文化的名稱[21]，考慮到築衛城遺址早在一九四七年饒惠元先生就曾發現[22]，保存也比樊城堆要好，且至今尚保存有較完好雄偉的古代城垣[23]，東西寬四百一十米、南北長三百六十米，總面積達十四萬七千六百平方米；城的北面有內城，北城牆的外面有外城，很有可能是迄今發現的中國保存最完整的早期文明大型土城之一，現已批准為全國重點文物保護單位（下頁圖5）。因此，客觀而且實事求是的話還是統一稱為「築衛城文化」為妥，隨著今後考古工作的深入開展，相信築衛城遺址在南方古代文明形成過程中的重要作用將會日趨顯現出來，相信「築衛城文化」的命名定會令考古界同仁所公認。

　　從現有的考古資料初步考察，築衛城文化的大致分佈範圍是，南面已達贛江的上游如于都禾豐上湖塘遺址[24]、寧都青壙長

19　參見李家和等《樊城堆文化初論》，《江西歷史文物》一九八六年第一期。

20　參見唐舒龍《試論築衛城文化》，《南方文物》一九九六年第二期。

21　參見夏鼐《關於考古學上文化的定名問題》，《考古》一九五九年第四期。

22　參見《科學通報》一卷七期；《美術考古》一期。

23　築衛城城垣的年代，七〇年代曾作過初步解剖，認為是漢以後所築，現在從各方面分析判斷當有可能是史前時代所堆築，當然最後尚待進一步考古解剖才能定奪。

24　參見童有慶等《贛南文物考古工作概述》，《江西歷史文物》一九八四

圖 5　築衛城遺址鳥瞰

尾嶺下層[25]以及定南下曆大教場遺址[26]等；北面已達長江南岸，即鄱陽湖西岸的贛江下游地區，如南昌縣向塘鎮馬井遺址下層[27]、永修縣馬家鄉磨盤遺址[28]、德安蚌殼山遺址下層[29]、九江

年第二期。

25　參見曾李安《寧都縣古文化遺址調查》，《江西歷史文物》一九八四年第二期。

26　參見任章漢等《定南大教場發現新石器時代遺址》，《江西文物》一九八九年第三期。

27　南昌縣博物館《江西南昌縣古文化遺址調查》，《南方文為》一九九二年第一期。

28　參見江西省文物考古所等《永修縣古文化遺址調查與試掘》，《江西文物》一九九一年第二期。

29　參見江西省文物考古研究所《江西德安蚌殼山遺址發掘簡報》，《南方

神墩下層[30]、湖口縣文昌洑遺址、下石鐘山遺址[31]和瑞昌大路口下層[32]等；東面的界域尚待進一步工作，但目前只知有臨川市境的如河西營門裏遺址[33]和進賢的城墩、寨子峽遺址等[34]。這些遺址之間，儘管在文化特徵上也有少許差異，如永豐尹家坪出土的足呈等腰三角形盤，在樊城堆等遺址少見，在築衛城根本不見，又如築衛城、樊城堆和尹家坪等遺址大量盛行的盤形鼎鼎腿是「丁」字形，而萍鄉市禁下山[35]遺址出土的盤形鼎鼎腿則多瓦狀、扁管狀。這些少許差異的原因，有可能是因發掘面積的局限，其出土物尚不足以反映全部，但更大可能是因所處地域不同，與受其鄰近地區文化影響程度不一有關。特別是這些少許差異並沒有改變其總體面貌的一致性，因而我們仍將其劃屬築衛城文化範疇。很顯然，以樟樹築衛城、樊城堆遺址下層和永豐尹家

文物》一九九四年第三期。

30　參見江西省文物工作隊《九江神墩遺址發掘簡報》，《江西歷史文物》一九八七年第二期。

31　參見劉詩中等《湖口下石鐘山遺址調查記》，《江西歷史文物》一九八五年第一期；江西石鐘山文管所：《江西湖口縣文昌洑遺址調查》，《東南文化》一九九〇年第四期。

32　參見瑞昌市博物館《江西瑞昌大路口遺址調查簡報》，《南方文物》一九九二年第一期。

33　參見臨川縣文管所《江西臨川縣古文化遺址調查簡報》，《江西文物》一九八九年第三期。

34　參見江西省文物工作隊《江西省進賢縣古文化遺址調查》，《東南文化》一九八八年第三、四期合刊；劉詩中等《江西進賢縣寨子峽遺址》《考古》一九八六年第二期。

35　參見江西省文物考古所等《江西萍鄉禁下山遺址的發掘》，《考古》二〇〇〇年第十二期。

坪遺址為代表的新石器時代晚期文化，是贛都地區新石器時代晚期的一支主體文化，其分布範圍之廣，是江西其他新石器時代晚期文化所無法比擬的，此後贛都地區尤其是贛江中下游的商周青銅文明主要就是根基於它的基礎上發生發展起來的。

築衛城文化的石質生產工具有錛、斧、钁、鏟、刀、鐮、鑽、鑿、矛、鏃和鉞等，磨製都較精細。錛分有段和常型兩種，有段錛多呈長條形，段部多偏上。鏃以柳葉形、扁棱形為多，只少量三棱形。刀常見的是梯形和長方形，有對鑽的單孔或多孔，少見半月形石刀（下頁圖6）。

生活用器主要為陶器，以夾砂和泥質紅陶為多，約占一半，夾砂和泥質灰陶約占百分之四十，黑陶和黑皮磨光陶約占百分之六至七，尚有少量白陶。樊城堆遺址還出有少量彩陶。器類有鼎、豆、壺、罐、鬹、盆、缽、器蓋、盤、缸和甌等，以鼎、豆、器蓋、鬹、盤等最具特色。鼎有盤形、罐形、釜形和缽形諸種，其中數量最多、最有特色的是盤形鼎，其鼎身即盤的口部和近底部常有一道或兩道凸棱，盤形鼎的鼎足中最有特點的是丁字形（即橫切面呈凸形），此外，尚有瓦形、卷邊鏟形、扁管形、卷邊管形、鴨嘴形、扁平形、側扁鑿形和長條扁平鑿形等，扁管狀足較少。釜形或罐形、缽形鼎足則多為圓錐形、側扁形、單窩「鬼臉」形或羊角形等。器足的外側幾乎都有刻劃的一道或多道凹條紋、葉脈紋、雙線對角紋等和錐刺紋，或壓印多層的單圈紋或雙圈紋等等。豆類器在各個遺址中都出土較多，僅次於鼎類，器形變化複雜，有帶棱座豆、折盤豆、杯形豆、竹節形把豆、凸棱形把豆和高、矮喇叭圈足豆等，其中以子口盤帶棱座豆最具特

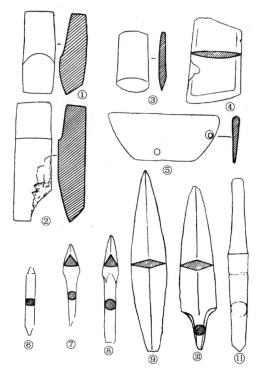

圖6　築衛城文化石質工具
①②有段石錛　③石斧　④⑤石刀　⑥⑪石鑽
⑦⑧⑨⑩石鏃

色。鬶多為平口捏流，粗短頸，半環形或繩索麻花紐形把手，肥
袋足。總之，帶「丁」字形足的盤形鼎和子口盤帶棱座豆以及平
口捏流袋足是築衛城文化中最多見也最有代表性的典型器物，是
區別於其它新石器時代晚期文化的主要因素（下頁圖7）。其他
一些陶器器表，多為素面，但也流行刻劃、戳刺、壓印、鏤孔和
堆貼等裝飾手法，紋飾有籃紋、繩紋、方格紋、弦紋、斜方格
紋、葉脈紋、篦點紋、鋸齒紋、錐刺紋、人字紋、指甲紋和附加

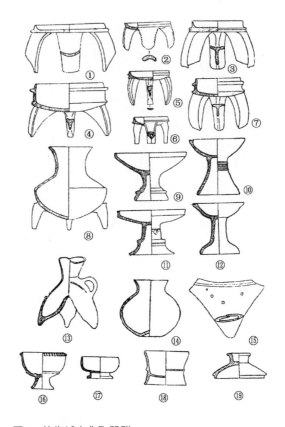

圖7　築衛城文化陶器群
①②③④⑤⑥⑦盤形鼎　⑧壺形鼎　⑬鬶　⑮三角形鼎腿
⑨⑩⑪⑫⑯⑰豆　⑭罐　⑱筒形缽　⑲器蓋

堆紋等，如同山背文化一樣，也開始出現少量屬幾何形的拍印紋
飾，如陽紋或陰紋大方格紋、陰紋圓圈紋、陰紋重圓圈紋、陽紋
大塊旋渦紋、大型圈點或重圈帶點紋、橢圓窩紋以及網結紋、附
加堆紋等。只是紋飾均較粗淺零亂。在永豐尹家坪遺址的一件黑
皮泥灰陶缽上還刻劃一周大塊雲雷紋，此後贛境地區商周時期陶
器甚或銅器上廣為盛行的雲雷紋應該就是淵源於這些新石器時代

晚期諸文化中。

築衛城文化地域上分布廣闊，年代上也延續較長，故而在文化特徵上也有演化發展過程，以最具代表性器物來說如帶丁字形足的盤形鼎和帶棱座豆等都有較清晰的發展演變線索：盤形鼎的變化規律是盤體不斷加深，丁字形足的內凸逐漸變短，外側逐漸加寬；帶棱座豆的變化趨勢是豆盤逐漸變淺，豆座逐漸加高。

築衛城文化與贛西北的山背文化都是新石器時代晚期稻作文化，某些器物如圓腹圜底罐形鼎、細長頸袋足鬶、鏤孔高圈足豆以及早期印紋陶器，風格均較相同或相近。但總的文化面貌則有明顯差異，特別是築衛城文化中大量帶丁字形足盤形鼎和帶棱座豆等，在山背文化中根本不見，而倒與嶺南石峽文化和湘鄉岱子坪一期文化有某些相似，從築衛城文化的諸多特徵分析，特別是永豐尹家坪第三層出土有更多內凸較長、外側較窄的所謂甲型丁字形鼎足看，它是築衛城文化的最早遺存，年代應比山背文化為早，約當距今五千五百年左右，築衛城文化的上限大體與山背文化相當，即距今約五千年左右。

四　社山頭文化

社山頭遺址是贛東北地區一處典型的經過三次大規模發掘的古文化遺存[36]，現存面積就達一萬一千平方米，它位於廣豐縣城

36　參見江西省文物考古研究所等《江西廣豐社山頭遺址發掘》，《東南文化》一九九三年第四期；《江西廣豐社山頭遺址第三次發掘》，《南方

東南約十公里的五都鎮內。該遺址有著上下兩個時期的堆積，下層為新石器時代文化；上層為商周青銅文化。下層新石器時代文化堆積較厚，遺跡、遺物豐富，僅遺跡就發現有灰坑、窖穴、房基和墓葬等，故發掘者將其下層分為三期，三期之間既有聯繫又有區別，它們是持續發展的不同的文化發展階段，一、二期為新石器時代晚期文化，三期為新石器時代末期文化[37]。一期文化中的石器有錛、鏃、網墜、球和礪石等，錛有梯形錛和有段錛兩種。陶器以夾砂紅陶、灰陶為主，泥質紅陶和黑皮磨光陶較少。器形有鼎、罐、豆、鬶、壺、圈足盤、盆、簋、缽、器蓋等。雖然其中的盤形鼎、丁字形鼎足、表面飾縱溝的凹面鼎足（瓦形足）、圈足壺、帶棱座豆、杯形豆和鬶等表現出與築衛城文化相同或相近的因素，但一些特有的器形如圈足盤、鷹頭狀器足、兩側飾數個按窩的鴨嘴狀足等，則在築衛城文化中不見，加上建築居址既有地面式還有半地穴式以及流行長方形土坑二層台墓葬等特點，說明一期文化仍是具有自身特色的新石器時代晚期文化。如果說社山頭文化在一期時，尚可看到一些與築衛城文化相同因素的話，到二期時，這些相同的因素則基本消失，代之以更多自身特色的文化內涵。二期文化的石質工具中，錛類中多為有段石錛。鏃類出土特多，且形式多樣，磨製精細，有鏃體截面呈菱

文物》一九九七年第一期。

37　三期中發現有較多的印紋硬陶，明顯不屬於新石器時代晚期，而應與築衛城、樊城堆遺址中層相當，即屬新石器時代末期。

形、扁菱形、橢圓形、扁橢圓形、扁六邊形、正三角形以及前端截面為正三角形後部為圓形等種；其鏃的鋌部有鋌體不分的，帶鋌的又有長短不同。陶器以夾砂紅陶、泥質灰陶為主，少見黑皮磨光陶和泥質紅陶，尚有少量印紋硬陶。器形中那些獨具特色的

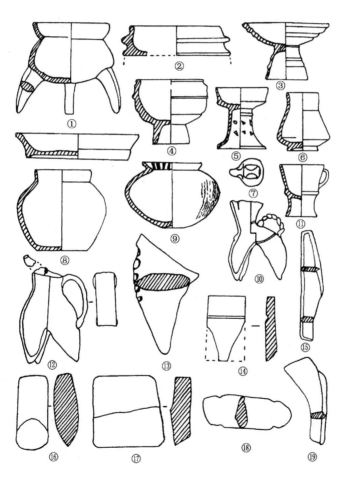

圖8　社山頭文化遺物
①②鼎　③④⑤豆　⑥壺　⑦圈足盤　⑧⑨罐　⑩鬶　⑪杯
⑫盤　⑬鼎足　⑭⑰石鏃　⑮⑲石刀　⑯石斧　⑱石網墜

諸如圈足盤、盆形鼎、罐形鼎以及鴨嘴狀器足等更加流行，尤其是黑皮磨光陶的喇叭形圈足鏤孔豆異常發達，還新出現單把圈足杯、盉、折腹罐、沿內飾竭彩的圜底罐（上頁圖8）等。陶器器表以素面為主，但也有運用刻劃、戳刺、鏤孔等手法，裝飾器表或器足、圈足和鋬手，還出現少量拍印的早期幾何形紋飾，如繩紋、曲折紋、漩渦紋、方格紋和葉脈紋等。這些都是構成社山頭文化特有的器物群和特徵，加上其他固有的文化傳統，如大量的墊土房基、流行長方形土坑豎穴（有的帶二層台）二次葬以及隨葬品組合中普遍不見鼎的現象等，都很可說明社山頭一、二期新石器時代遺存是一種有別於築衛城文化而具有獨特內涵的新的文化類型。只是當社山頭文化在形成發展的初期（一期），曾受到西面築衛城文化輻射的強烈影響，但到二期時，社山頭文化兀然崛起，進入到它的繁榮期，成為一支分佈在贛東北地域獨具特色的新石器時代晚期文化。第一期文化的年代大體與築衛城文化晚段相當，即為距今約五千年，第二期文化年代為距今約四千五百年。

　　由於該遺址地處贛、浙、閩三省交界處，也是古代文化交匯的複雜之區，因此，社山頭文化的具體分布範圍，目前尚不很清楚，有待進一步開展工作，僅從目前的考古調查資料看，在該遺址五平方公里範圍內就先後發現同類遺存點二十餘處，說明它並不是孤立存在的，恰恰社山頭遺址正處於眾多原始居民點的中心地帶。二十世紀九〇年代後期，相鄰的東面浙江遂昌縣三仁鄉

好川村發現八十餘座良渚文化墓葬[38]。從這批墓葬的葬制、隨葬品的組合及陶器、玉器的形態特徵等都與太湖周圍地區良渚文化晚期墓葬大體相似，風格一致，甚至就是良渚文化先民的一支南遷後的遺留。將社山頭文化與之比較，雖然有某些因素表現出相同或相近，如石錛多有段，陶器中的泥質黑皮陶及其喇叭圈足鏤孔豆以及少量印紋軟陶和印紋硬陶等，說明它們之間曾有其交流和往來，但綜觀其整體文化面貌則判然有別，如前者以夾砂紅陶和泥質灰陶為主，少見黑皮磨光陶，而後者則以泥質黑皮陶和泥灰陶為主；又如前者隨葬品組合中玉器很少，而後者較多，那種由多種形狀曲面玉片組成的「杖柄飾」「神像」更是其他各地所不見。因此，我們似可這樣認為，社山頭文化的東界似未達到浙西境內。太湖地區良渚文化衰弱後，其先民南遷的足步也似止於浙西南境內。

五　鄭家坳文化

上世紀八〇年代初，在靖安縣水口鄉鄭家坳清理了一批新石器時代墓葬[39]，出土了一批石器、玉器和陶器。考古學者根據其器物演變，將該批墓葬分為一、二、三期，它們之間是持續發展的一支文化，並無文化屬性之差異。陶器組合為鼎、豆、壺和

38　參見《中國文物報》一九九七年十月十九日第一版；浙江省文物考古研究所等：《好川墓地》，文物出版社，二〇〇一年。

39　參見江西省文物工作隊：《江西靖安鄭家 新石器時代墓葬清理簡報》，《東南文化》一九作九年第四、五期。

罐。陶質多為泥質黑衣（或磨光）陶、泥質灰陶，只有少量夾砂紅陶。器類有罐形鼎、盆形鼎、帶把壺形鼎、缽形鼎、細把豆、棱座豆、高圈足壺、矮圈足壺、長頸折腹平底罐以及小平底盆、圈足尊、帶把杯等。器足以扁管形為多，且以過度外撇為特色，此外，尚有扁鑿形、側扁形、魚鰭形等十餘種。很顯然，上述一些器物群既與山背文化有別，又與築衛城文化有相當差異，因此，學者們認為這是分布在贛北及贛江中下游地區的另一種新石器時代晚期文化類型。

　　至今贛境地區發現屬鄭家坳文化的遺存較少，目前只知有九江沙河大王嶺遺址下層[40]和新餘拾年山遺址中發現[41]，即它的二、三期文化。在新余市羅坊發現的棋盤山和南安龔門山遺址及一九九四年第三次文物普查中發現的類似棋盤山遺存的十二處遺址[42]，從其文化特徵與拾年山二、三期相近來看，當也應歸屬鄭家坳文化系統。從拾年山遺存二、三期文化的黑衣紅陶和黑衣灰陶系及帶管狀足的缽形鼎、斂口缽形豆、矮圈足碗形簋、直口高、矮圈足壺等，都表現出與鄭家坳出土的相同，那種帶丁字形足的盤形鼎如同在鄭家坳遺存中不見一樣，在拾年山二、三期文化中也基本不見。現綜合兩遺存，我們可以歸納出鄭家坳文化有

40　參見《江西九江沙河街遺址發掘簡報》，《考古學集刊》（二）。

41　參見江西省丈物考古研究所：《江西新餘拾年山遺址》，《考古學報》
　　一九九一年第三期。《新余市拾年山遺址第三次發掘》，《東南文化》
　　一九九一年第五期。

42　參見江西省文物考古研究所等：《江西新余龔門山遺址發掘簡報》，
　　《南方文物》二〇〇三年第二期。

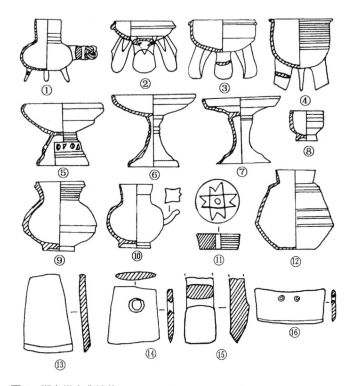

圖9　鄭家坳文化遺物
①鬶　②③④鼎　⑤⑥⑦豆　⑧杯形豆　⑨⑩⑫壺
⑪繪八角紋紡輪　⑬⑮石錛　⑬石鏟　⑯石刀

如下一些文化特徵：第一，石質生產工具，錛類以扁平常型錛和
有段錛為多，尚有弓背錛。石刀多對鑽單孔、雙孔，有的甚至三
孔，尚有馬鞍形刀。武器有矛、流星和多種形式的鏃。石鉞為扁
薄體，還出現有肩石鉞。第二，陶質以泥質灰陶為主，但施黑衣
或磨光特別盛行，夾砂紅陶很少。第三，三足器、圈足器特別盛
行，尤以盆形、缽形鼎為多，豆類器以斂口缽形盤和粗細喇叭狀
帶棱圈足豆為多，兼有鏤孔和絃紋、凸棱等裝飾（圖9）。第

四，盛行長方形土坑豎穴墓葬，行一次葬，隨葬品組合為鼎、豆、壺；晚期流行長方形土坑豎穴墓、無壙穴墓和甕罐葬等，多行二次葬，墓壁盛行火烤壁做法。

有意思的是，以鄭家坳和大王嶺、拾年山二、三期為代表的新石器時代晚期遺存在贛境地區找不到它的同類型者，卻在長江北岸的安徽潛山薛家崗文化中找到 。可以說，從石器類別、墓葬形制到陶器的質地、組合及裝飾作風等，它們之間都表現出驚人的相似，以陶器群為例，諸如鄭家坳文化中的那種帶三瓦狀蹼形足盆形鼎、上扁管和下呈喇叭狀足的盆形鼎、直口鼓腹高、矮圈足壺和帶把壺形鼎（薛家崗發掘報告稱鬹）和帶把杯（薛家崗發掘報告稱杯形缽）以及扁麻花形把手等都與薛家崗三期文化的同類器相同或相近，正因在文化面貌上有如此的一致性，所以有的學者將其劃屬薛家崗文化範疇[43]，至少是江北薛家崗文化在長江南岸的一個類型。它的年代，據新余拾年山第二期文化有關墓葬（M28）的腐泥樣標本測定，距今約五千零三十正負一百一十年左右（未經樹輪校正），這應是鄭家坳文化的上限年代，至於它的下限年代應和薛家崗文化的最晚段相當，即距今約四千五百年左右。

以安徽潛山薛家崗遺址為代表的薛家崗文化，其大致的分布範圍是：西至大別山以東和湖北廣濟、黃梅縣境，東達巢湖和廬

43　參見李家和等《江西薛家崗類型文化遺存的發現和研究》，《東南文化》一九八九年第三期。

江縣境，北至肥西縣，南達長江的江淮西南隅廣闊地區。今江西境鄭家坳文化的發現，表明薛家崗文化已越過大江，給予贛江鄱陽湖流域史前文化以深刻影響。在遠古的史前時代，原始居民是經常移動遷徙的。由於民族的大遷移，各部族集團的物質文化也隨之傳播，這是合乎遠古社會規律的，因此，在四、五千年前，江北薛家崗文化的居民，也許由於部落之間征戰或瘟疫流行或洪水氾濫等某種原因，他們舉族越過長江進入贛鄱地區，當見到適合其生存發展的臺地山崗時就分別定居下來。這些南遷來的薛家崗文化原始居民，像插花似地定居於原有的築衛城文化或山背文化之間，且在相當時間內還依然保持其固有的文化傳統，這就是我們今天發現的鄭家坳文化遺存，之所以呈星點穿插狀分布於贛江中下游地區的緣故。

第二節 ▶ 諸文化類型居民與周鄰原始部落的交往

據前所析，贛境地區從距今六千年至四千一百年的一千八、九百年的新石器時代晚期，曾先後有拾年山、山背、築衛城、社山頭和鄭家坳等不同類型的文化在各地分布著，其中尤以築衛城文化的分布範圍最廣，幾乎涵蓋了江西的大部分地區。除鄭家坳文化來自於江北皖南的薛家崗文化外，其他諸文化類型都是淵源於本土本地，它們之間雖存在一定交往，有這樣或那樣的某些共性，但總的文化面貌又各自有自身的濃郁特色，是幾種不同類型的土著文化。

　　但是，這些土著原始文化在其形成和發展過程中，也絕不是孤立的，它們與周圍鄰近一些地區的新石器文化有一定聯繫和交往。它們之間互為影響，相互推動，共同促進了中華民族遠古文明的發展。

一　山背文化與周鄰文化的關係

　　首先，山背文化地處贛北的修水，西北與江漢平原接壤，因而山背文化的某些因素和江漢平原的屈家嶺文化（主要中、晚期）近似。例如，兩種文化的生活器皿都多三足器和圈足器，鼎足都以側扁和扁平式為多；山背文化的某些器類如折唇鼓腹罐形鼎、鏤孔高圈足豆、侈口高頸鼓腹圈足壺和直口高頸扁腹圈足壺等與屈家嶺文化的同類器相似。但是，在另一方面，還應看到它們之間在文化特徵上的更多不同點。山背代表性的生產工具是磨製精細的高級型有段錛、扁平長方形石斧、半月形石刀等，而屈家嶺則以上窄下寬的磨製石斧、大型石斧、有孔石斧、凹腰石鋤、有孔石鏟和扁平、三棱石鏃為代表，只有初級型有段錛；屈家嶺文化的陶器中，出現有彩陶，代表製陶技術最高水準的是蛋殼彩陶，厚為零點一釐米至零點二釐米，而山背文化中根本不見彩陶，代表製陶技術最高水準的是蛋殼黑陶，厚為零點二釐米至零點三釐米，與屈家嶺文化中的朱繪蛋殼黑陶的厚度相近，而和山東泰沂地區的厚度僅一點五毫米到二毫米的標準蛋殼陶有所區別；屈家嶺文化常見的器表繪有精美彩繪圖案的陶雞、陶球等多種藝術品，在山背文化中也不見。

　　其次，山背文化與東方的良渚文化也有一定的聯繫。距今四

千五百年至四千年間，正是東方沿海史前良渚文化空前發展和繁榮時期，對外形成強大的幅射力，而贛境地區首當其衝，因而在文化面貌上表現出與東方沿海史前文化有某些相同或相近的因素。以山背文化來說，兩種文化中都出現有段石錛、半月形石刀。良渚文化中的陶器以泥質黑陶為主，紅陶較少，但其中打磨光亮的蛋殼黑陶在山背文化中也有出土。黑陶多數是灰胎黑皮且皮易脫落的特點，山背與良渚是一致的。某些器物如細長頸瘦袋足鬶、鏤孔高圈足豆同樣表現出大體相同。這些，顯然都是山背文化居民向東方學習的結果。

二　築衛城文化與周鄰文化的關係

築衛城文化是新石器晚期贛境地區最重要的考古學文化，其幅射範圍之廣，是其他幾支考古學文化所無法比擬的。正因如此，它與長江中下游和東南、華南地區的原始文化都有不同程度的聯繫和交流。

首先，與江漢地區屈家嶺文化的聯繫。在屬築衛城文化的樊城堆遺址下層，曾出土有少量（22 片）細泥黃色陶，上面有紅色彩繪，內容簡潔，只是平行橫線、斜線組合，或斜線格紋，或斜橫線加圓圈填交叉形，或弧線草葉紋與斜格紋組合等。另在兩片泥質黑皮陶上分別繪有一個紅色圈和一道黃彩，這種細泥黃陶上繪彩和朱繪黑皮陶的風格應是受到屈家嶺文化影響的結果[44]。

44　參見中國社科院考古研究所：《京山屈家嶺》，科學出版社，一九五六

其他某些器物如側扁足的罐形鼎、淺盤雙腹豆、缽形矮喇叭圈足豆等的形態，也與屈家嶺文化同類器相近。

其次，與湘東、湘中地區的關係。湖南湘鄉縣龍泛岱子坪遺址是湘中地區經過科學發掘的一處典型新石器時代晚期遺存[45]。依據地層堆積和出土器物的演變特點，考古學者將其初步分為三期文化。將築衛城文化與之比較，發現其與岱子坪的第一期文化之間有某些相同的文化因素，如築衛城文化中廣為盛行的盤形鼎，鼎體為淺盤形，中腰有一圈凸棱，這樣的盤形鼎，在岱子坪遺址的第一期文化中有出土（二、三期文化中則無）。又如岱子坪一期文化的所謂雙層式豆座和直口扁圓腹壺，與築衛城文化的帶棱座豆和直口壺也很相近。再如築衛城文化中的鼎足上較流行的壓印、戳刺、刻劃的圓窩紋、重圈紋、篦紋或長短線條紋（豎凹槽）的作風，在岱子坪一期文化也多見。這些諸多相同或相似的因素，說明它們之間有著較密切的聯繫。但是，兩支文化之間不同之處也是較為明顯的，如築衛城文化中炊器以盤形鼎、罐形鼎為多，鼎足式樣特多，約計二十餘種，盤形鼎鼎足以丁字形為主，而岱子坪一期的炊器則以釜形鼎為多，鼎足多扁平形、橢圓錐形和長圓錐形等，盤形鼎的鼎體特徵雖與築衛城文化相同，但鼎足又不見丁字形，而是瓦形和似鑊形。再如，築衛城文化中多

年。

45　參見湖南省博物館《湘鄉岱子坪新石器時代遺址》，《湖南考古輯刊》第二輯，一九八四年

見鬶，而岱子坪一期卻不見。岱子坪一期出現的帶蓋和貫耳的
簋、長鼓腹甌和帶錐刺紋陶鉞等，築衛城文化中都不見，這些差
異，表明岱子坪一期文化有可能是四、五千年前分布在湘水中、
上游的一支獨具地域特色的新石器晚期文化，它似應有另外的譜
系，而不能劃屬於築衛城文化範疇。

第三，與嶺南石峽文化的關係。以廣東曲江縣馬壩鎮石峽遺
址下層和前三期墓葬為代表的石峽文化是粵北地區最有代表性的
新石器時代晚期文化[46]，將築衛城文化與之比較，不難發現它們
之間有些相同或相似的文化因素，比如生產工具中的上窄下寬體
似梭形的弓背錛（石峽報告稱钁）、體扁薄中部厚的有肩鉞和有
段錛等，兩支文化中都有出土；又如築衛城文化中的某些生活用
器如帶子母口的淺盤鼎、三足盤（足上鏤有多個圓孔）、直口扁
圓腹圈足壺、薄胎黑陶壺、貫耳黑陶壺、帶棱座豆、肥袋足繩索
狀紐鬶和斗笠式器蓋等，在石峽文化中都可找到相類似者。正因
為有如此較多相近似的文化因素，所以有的學者將石峽文化歸屬
樊城堆文化（即築衛城文化）系統，統定名為「樊城堆──石峽
文化」[47]，或稱「同一原始文化系統的兩個類型」[48]。

46　參見廣東省博物館《廣東曲江石峽墓葬發掘簡報》，《文物》一九七八
　　年第七期。

47　參見李家和等《再論樊城堆──石峽文化》，《東南文化》一九八九年
　　第三期。

48　參見楊式挺《石峽文化類型遺存的內涵、分布及其與樊城堆文化關
　　係》，《紀念馬壩人化石發現卅周年文集》，文物出版讓一九八八年
　　版。

但是，只要我們再深入一比較，就可發現兩者之間在文化特徵上仍有較大的差異：

（1）石硤文化的石質工具中雖也以弓背錛（钁）、有段錛、穿孔石鏟、石鉞為代表，但還有其他文化中所少見的卷刃凹刃錛、凹口鑿等專門的木工工具。而且，石峽文化中的石器普遍磨琢精緻，石材的切割、鑽孔、拋光、雕刻等技術，都達到了相當成熟的階段，這是築衛城文化所不及的。

（2）某些生活用的陶器器形，粗看確很相似，細看卻不盡相同：以盤形鼎為例，鼎體為淺盤、帶子母口和凸棱的作風與築衛城文化的一樣，但承載鼎體的三足，築衛城文化大量的是丁字形足，而石峽文化大量的是瓦狀足和鑿形足。而且，石峽文化中還有特色的釜形鼎、盆形鼎、異形鼎，不少鼎上還帶蓋，這些又都是築衛城文化所不見的。至於那種盤形鼎的盤體有可能就是受到築衛城文化影響而引進的。又以三足盤來說，那種足呈三角形（鑿有 1 至 3 個圓孔）的三足盤在築衛城文化的永豐尹家坪遺址出土多件，樊城堆下層也有少量出土，但在石峽文化中，這種三足盤大量出土，只是其足部形式多樣，除三角形足外，還有瓦形、連襠梯形等，顯然，築衛城文化的三足盤又有可能是受到石峽文化影響的結果。再以袋足鬹來說，築衛城文化的的一種鬹，短頸，口捏扁成鳥喙形，微上翹，三乳狀肥袋足；石峽文化的這種鬹，短頸，肥袋足等特徵與築衛城文化的頗同，但不同的是石峽流口比築衛城的流口上翹得更厲害（但還不像龍山時的朝天式流口）。從流口微上翹到上翹厲害，表示出陶鬹的一種發展演變趨勢，而這和東方沿海陶鬹的發展演變規律是完全吻合的。兩地

的陶鬹都是受到大汶口文化影響而製作的。此外，石峽文化還出土有築衛城文化中不見而獨具特色的子口淺盤大圈足盤、甑、圜底釜和普遍帶蓋的壺等。

（3）石峽文化在埋葬習俗上流行長方形土坑豎穴墓，但盛行二次葬，且坑壁多經焙燒，不少骨殖和器物上敷有紅色硃土，二次葬中有代表一、二次葬的兩套隨葬品，有公共的氏族墓地。其盛行二次葬和焙燒墓壁的作法，在築衛城文化中少見，倒與鄭家坳文化的拾年山遺址的近同。

（4）築衛城文化發現的玉器特別是玉禮器很少，但石峽文化中發現的玉器卻較多，還有不少玉禮器，如琮、璧、瑗、璜以及玦、笄、管墜、珠、墜飾、綠松石等裝飾品。

上述這些差異，清楚說明築衛城文化與石峽文化是各自有自身特色的新石器時代晚期文化，將築衛城文化無限延擴至嶺南地區也似難以令人信服[49]。

當然，正如前面所分析比較的那樣，石峽文化中確有某些因素表現出與築衛城文化的一致性，這無疑和贛、粵兩地緊相毗鄰有關。我們知道，儘管贛、粵之間有橫斷的南嶺相隔，但粵北的始興、南雄一帶與贛南之間還有谷地和山口相連，北可達贛江上游，南可以抵北江上游，母庸置疑，遠在四、五千年前，贛江流域和粵北地區的原始先民就有過密切的相互交往和影響。正是這種文化因素的相碰撞和分化、滲透、融合，使得它們長期交互作

49　參見李曹柯平《關於樊城堆文化的若干思考》，《南方文物》一九九三年第四期。

用，進而形成一穩定的交互作用圈。[50] 蘇秉琦先生曾將全國的考古學文化劃分六大區系，其中第六大區系就是「以鄱陽湖——珠江三角洲一線為中軸的南方」[51]，「作為核心區的南北軸線也是今京九鐵路所經地帶，顯而易見，這是一條自古以來形成的南北通道，華南與中原的關係，與南海諸島以及東南亞廣大地域的關係都可以在這條南北通道上尋找答案。」「在幾何形印紋陶分布的核心區，印紋陶發達，共性多，但贛北和粵北又有所不同，淵源發展道路各異，應視為不同區系。」蘇先生的這一觀點已愈來愈被更多的考古新材料所證實。

第三節 ▶ 社會經濟

江西境內眾多新石器時代晚期遺址，儘管有著不同的文化類型，甚或譜系不盡相同，但從出土的生產工具和其他伴出的遺物以及相關的遺跡分析判斷，當時分布在贛境地區的原始居民除個別濱湖地區的原始居民點以漁業經濟為主外，都普遍以農業經濟為主，而且以栽培水稻為其主要生產活動，當然，也兼營一些狩獵和捕魚。此外，遺址中不等量的發現一些豬、狗、牛、羊等家畜動物骨骸，說明家畜飼養業也佔有一定比例。

50　參見張光直：《考古學專題六講》，文物出版社一九八六年版。
51　參見蘇秉琦：《中國文明起源新探》，商務印書館（香港）有限公司，一九九七年版。

一 生產工具

贛境地區新石器時代晚期的生產工具，有木器、竹器、骨器、蚌器和石器等類，但竹、木、骨器等多不易保存，現在出土的基本都是石質生產工具。

在距今約六千年左右的新余拾年山第一期文化中，其石製的農業、手工業工具頗有特色，有厚體斧、弓背錛和钁類器；魚獵工具也較發達，有矛、鏃、流星、穿孔石器等（圖10）。矛的截面呈三角形，柄部有對稱的凹弧。鏃式單一，為無鋌柳葉形。流星有槌狀、橢圓形、石榴形、橄欖形，尚有穿孔與不穿孔之分。穿孔石器，此時尚有較多發現，通體磨光，中間有兩面對鑽的圓孔，體厚重，厚者達六點六釐米，大者直徑達十點五釐米，體多呈圓形和橢圓形，也有不規則形，特別是對鑽的圓孔相當準確規整，反映了此時石器製作的較高技藝。這種穿孔石器無疑是萬年

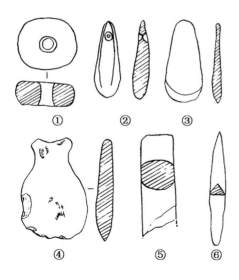

圖10　拾年山文化石器
①穿孔石器　②石流星
③石斧　④石鋤
⑤石錛　⑥石矛

仙人洞、吊桶環新石器時代早期文化中那種穿孔石器工藝的延續和發展。

在距今約四、五千年的山背文化、築衛城文化和社山頭等文化時期，雖然諸種文化類型甚或各遺址之間，出土的石質生產工具不完全相同，但從總的方面考察，石器製造業的種類、形制和製作水準大體是一致的，故而這裏作一綜合介紹。

農業工具中，最多見的是錛、斧、鋤、刀、鐮、鏟以及加工穀物的磨盤、磨棒等。手工業工具有斧、鑿、鑔、鑽和礪石等。漁獵工具有矛、鏃、石球、網墜等。

石錛，是一種主要用來墾荒掘土的農具。錛與斧的區別是單面斜刃，而非雙面刃，一般有常形錛、弓背錛和有段錛多種。有段錛最有特色，它的特點「在於背面，即刃口斜上所向的一面，不像正面的平，而是中部隆起，成一條橫脊，將背面分為前後二部分，前部較厚，後部較薄，看起來像二個階段，因此稱為有段石錛。」[52]有段石錛大多較厚重，器身多為長條形或寬扁形，依據其段脊的不同，一般分為初級型（或稱斜脊型）和高級型（又稱臺階型）兩種[53]。初級型是指那種中部或偏上部的橫脊線將背部分為上下兩個斜面；高級型是指背部靠上端部位起段，形成臺階狀，臺階角多呈直角。贛境地區新石器時代晚期文化中，有段

52　參見林惠祥《中國東南區新石器文化特徵之一：有段石錛》，《考古學報》一九五八年第三期。

53　參見彭適凡《試述先越民族的兩種生產工具》，《百越史研究》貴州人民出版社一九八七年版。

石鏃發現數量也較多，如修水山背
遺址中，出土的石鏃占全部出土石
器的百分之三十四點三，除一件為
常形鏃外，其他都是長條形有段
鏃，且都是所謂高級臺階型的，段
的下部顯得特別長，據統計，段下
部比上部長一倍以上的，占全部有
段鏃的百分之六十以上。樟樹築衛
城遺址，有段鏃的比例也不少，據
早年饒惠元先生統計[54]，有段鏃竟占

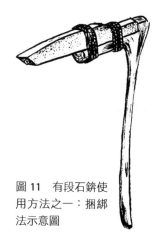

圖 11　有段石鏃使
用方法之一：捆綁
法示意圖

到石鏃總數的一半以上。築衛城兩次科學發掘，共出土石鏃十二
件，其中有段鏃就有八件。有段石鏃的裝柄方法，早期多用捆綁
法（圖 11），到新石器時代晚期，則一般多是在木柄的一頭中間
挖鑿出一卯孔（往往未鑿透），卯孔的大小應和有段鏃的上端相
同，然後將有段鏃的段部嵌插進卯孔中，有的學者稱為榫卯法。
一九七八年江蘇溧陽沙河鄉洋渚良渚文化遺址中就曾出土過一件
帶木柄的有段石鏃[55]，長十八點二釐米，段脊在頂以下三點五釐
米處，寬三點五釐米、厚三釐米。木柄頭部更粗，把手稍細，通
長三十二釐米。木柄頭部開鑿未透的卯孔，孔長約三點八釐米、

54　參見饒惠元《江西清江的新石器時代遺址》，《考古學報》一九五六年
　　第二期。

55　參見肖夢龍《試論石斧石鏃的安柄與使用》，《農業考古》一九八二年
　　第二期。

寬三點二釐米、深三點五釐米，出土時有段石錛居然還嵌插在卯孔中，這是有段石錛安柄方式的極好實證（下頁圖12）。

石斧，是新石器時代晚期原始先民廣為使用的一種用作砍伐的工具，它既可作為用以砍倒樹木、墾荒辟地的農業工具，也可作為加工木材或刳製獨木舟等的木作工具。恩格斯就曾說過，新石器時代由於石斧的出現「大抵已經使製造獨木舟成為可能，有的地方可能製造木頭和木板來建築房屋了。」石斧均為雙面弧刃，體較厚重，器身多作扁平長方形、長條形或梯形。還出現有少量的有段石斧和雙肩石斧。雙肩石器應是受到嶺南珠江三角洲地區西樵山文化雙肩石器影響而製作的[56]。古代石斧的安柄方法，早期也多採用捆綁法。青海柳灣原始墓地就出土一件用捆綁法裝木柄的石斧，這是石斧捆綁法裝柄的實物例證[57]。此外，在河南汝州閻村仰韶文化遺址出土一件陶缸上有「鸛魚石斧圖」，圖上石斧的柄就是用繩索捆綁的（下頁圖13）。晚期也多是榫卯法，也是在圓木柄的較粗頭部鑿出一孔洞，然後將石斧的頂端嵌入洞中，這樣越砍越牢固，不易脫落。木柄的另一端往往較細，便於手握。早年，在江蘇溧陽沙河鄉洋渚遺址中也曾出土過一件帶木柄的石斧，木柄基本完好，出土時，石斧仍嵌裝進木柄頭部的孔洞中，這是石斧這種複合生產工具裝柄方法的極為難得的實

56　參見曾騏《珠江文明的燈塔——南海西樵山古遺址》，中山大學出版社一九九五年版。

57　參見尚民傑《青海原始農業考古概述》，《農業考古》一九八七年第一期。

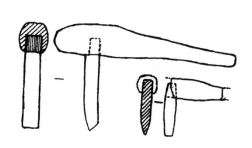

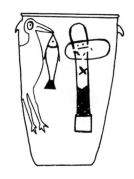

圖12　有段石鑄使用方法之二：榫卯法使用圖　　圖13「鶴魚石斧圖」（河
　　　　　　　　　　　　　　　　　　　　　　　南汝州閻村出土）

例（下頁圖14）。

　　石鋤，是一種用來鬆土的農業工具。在新余拾年山、靖安寨
下山等遺址中都有出土，尤其在贛西北的潦河水系如靖安、安義
等地遺址出土更多，僅靖安寨下山遺址調查就採集石鋤達十五
件。此類石鋤系採用打製和磨製技術相結合而製成，打製部位多
在邊沿和背面，磨製部位多在正面和刃部，磨製面相當光滑，刃
部多見有崩疤，說明都是經使用過而留下的疤痕。鋤身多作窄
頂、扁平、雙肩和圓弧刃，有的肩部呈弧形，角度約六十度，似
鉞形；有的肩部與身部近九十度折角；有的肩部斜削，體部明顯
大而長於柄部；有的呈魚尾形體。此類石鋤的使用方法，大體也
應是在圓木柄一端鑿出扁方孔，然後把石鋤頂部嵌入孔中，或加
以木楔，形似今日鋤頭，由於鋤背往往帶有一定弧度，對於開掘
華南地區帶粘性的紅壤土很有效率。

　　石鏟，均長方形，扁薄體，但比鉞顯得更厚更窄，有的上端
對鑽圓孔。

石刀，是一種多見的用來收割稻穗的工具。器身都很扁薄，雙面刃，形體有長方形、梯形和半月形、單斜刃、馬鞍形等，靠刀背往往有一個或二個對鑽圓孔，以便穿入繩索套在手指上以割取稻穗（圖15）。有的長方形石刀近頂部還對鑽有三、四個以上圓孔，使用方法上則多穿繩綑紮於木柄上，作為一種複合的收割工具。

圖14　用椌卯法使用石斧示意圖　　圖15　半月形石刀使用方法示意圖

石臼，穀物加工工具。靖安寨下山遺址就曾採集到一件臼的底部，底圓角近平，內面從上至下收削成凹形。質料為沉積岩，硬度較強。凡出土石臼的遺址，都有石磨棒伴出。

從上可看出，在距今四、五千年前的新石器時代晚期，江西地區原始先民使用的農耕工具品種已較齊全，有墾荒種植的錛和斧，鬆土的鏟和鋤，收割稻穗的刀，還有加工穀物的磨盤、石臼和石磨棒（尚有陶磨棒）等，表明當時的原始農業已較為發達。

漁獵工具主要有石鏃、石矛、石球和石網墜等。此時的石鏃，不僅數量多，而且通身精磨，種類由過去單一的柳葉形，改進、發展成多種形狀，鏃體橫斷面有呈扁菱形和三菱形的，有鋌

體不分的，也有帶鋌有翼的；帶鋌的鋌部，有呈扁橢圓或渾圓形，還有長短之別。這種扁菱形和三菱形鏃，一般長七至九釐米左右，磨製鋒利，將它嵌進細木柄上，然後用弓射出，射程遠，威力大，速度快，在當時來說，確實是一種較好的狩獵武器（圖16）。

圖16　石鏃使用方法示意圖

二　稻作農業和漁獵採集經濟

　　如前一章所述，贛東北萬年仙人洞、吊桶環遺址新石器時代早期地層中發現的人工栽培稻，是現今所知世界上年代最早的栽培稻遺存之一。贛境地區之所以能成為亞洲和世界稻作文化的一個重要發祥地，是和一萬二千年前長江中游地區的生態環境、氣候條件密不可分的。在距今約一萬五千年到一萬兩千年，儘管出現一次副間冰期和一次副冰期，但總體上氣溫迅速轉暖，據專家估計，此後的溫暖時期與現在的氣溫相當，甚至高出攝氏二至四度。正由於氣溫回暖，冰川逐漸消退，生存環境不斷的改善，萬年仙人洞人的生產、生活經歷了一次前所未有的巨大變革，諸如

早期陶器的發明和人工栽培稻的產生等。

　　自新石器時代早期萬年仙人洞、吊桶環的原始居民開始將野生稻馴化成人工栽培稻後，歷經新石器時代中期到晚期，贛境地區的原始先民始終以稻作農業為主要經濟活動。據有關專家研究[58]，在長江中下游的距今約六千八百年至四千六百年間，也就是大溪文化、馬家浜文化至屈家嶺文化和南京北陰陽營文化時期，這一廣闊地域（包括贛江流域）的古氣候與早期相比，雖年平均溫度與降雨量有所降低，但仍比現在的平均溫度高出攝氏兩度，年降水量約比今日高六百毫米，這對水稻的生長仍是適宜的。由於年降水量的降低，使長江及其支流的流量相對減少，汛期水位降低，使高程較低的長江中下游平原中的較高部分，不再受到洪水的淹沒，這樣原始先民就有可能選擇最適合種植水稻的河谷平原、穀坡或河流第一級階地定居，並從事水稻栽培。

　　有意義的是，江西境內至今發現的屬於拾年山第一期文化、山背文化、築衛城文化、鄭家坳文化等諸多新石器時代晚期遺址，其年代跨度就正在這一時期之內，所以，在這些新石器時代晚期遺址中，稻作農業遺跡十分豐富。

　　新余拾年山遺址的居住區普遍發現有一層厚約一釐米到二釐米的草拌泥燒土層，紅燒土層是由倒塌的木骨泥牆建築及經火烤

58　參見材承坤《長江、錢塘江中下游地區新石器時代古地理與稻作的起源和分布》，《農業考古》一九八七年第一期。

的居住面堆積而成，燒土中可見稻杆、穀殼痕跡[59]。在發現的屬拾年山一期文化的橢圓形陶片堆中，周邊環插的夾砂紅陶罐的口沿，多見刻劃有一周三角紋加葉脈狀穀穗紋。

修水山背跑馬嶺遺址的 F1 牆基，系用紅燒土築成，再經焙燒。在這些紅燒土塊中，肉眼就能看出摻有稻杆的痕跡，後經江西農學院植物教研組鑒定，確認為「稻草混泥土，呈黃色，稻杆上有平行的條紋，明晰可辨。」「間或看到船形的穀殼破片」[60]。此外，在一件斂口鼓腹圜底缽內發現有穀類炭化的痕跡。

樟樹市樊城堆遺址下層[61]，發現有很多燒土塊堆積，有的燒土塊略呈磚形，當應是建築材料和牆壁倒塌之遺跡。燒土塊中曾留有直徑五釐米到十二釐米大小的棍棒凹窩，還有稻草和穀殼的痕跡。

九江縣新合鄉神墩遺址是有著新石器時代晚期、商代到西周三個時期地層堆積的典型遺址[62]，其下層發現有厚約十五釐米至二十釐米的燒土層，這些燒土塊上留有木棍壓滾凹痕，徑約五釐米到十一釐米之間，燒土塊明顯夾有稻杆、穀殼痕跡。

59 參見詩中、家和《江西新余拾年山遺址原始農業遺存》，《農業考古》一九八九年第二期

60 參見《江西修水山背地區遺址出土生物遺體鑒定書》，《考古》一九六二年第七期。

61 參見江西省文物工作隊等《清江樊城堆遺址發掘簡報》，《考古與文物》一九八九年第二期。

62 參見江西省文物工作隊等《江西九江神墩遺址發掘簡報》，《江漢考古》一九八七年第四期。

屬於築衛城文化系統的湖口縣文昌狀遺址，更有著豐富的稻作農業遺存[63]。該遺址地處贛北湖口縣城西南郊的鄱陽湖東岸，東依涪湖大山，盛水季節，湖口水位達到二十米時，整個遺址被湖水淹沒；枯水期，水位退到十二米時，遺址才露出水面。在該遺址發現的大多數紅燒土塊上，都留有稻穀殼、稻草和稻穗枝梗的壓痕。個別燒黑的土牆殘塊中，夾有碳化的穀粒。從殘留的稻穀遺痕來看，成熟飽滿的穀粒壓痕長零點八釐米，中寬零點四釐米，中厚零點二釐米，草莖徑零點五釐米，這和普通野生稻穀粒長零點七釐米至一釐米、寬零點二釐米至零點三釐米、草莖徑零點四釐米至零點六釐米是何等相似，因此，推論文昌狀遺址當年栽培的應是較為普遍種植的秈稻品種。人們也許會問，一個西鄰鄱陽湖、東背大山的文昌狀怎麼能種植水稻？這無疑應和昔日的地理生態環境有關。要知道，五千年前原始社會時期的文昌狀，決不是今天這樣的文昌狀，水位沒有今天這樣高，鄱陽湖廣闊的水面也尚未形成，文昌狀河段的水位也大致在十二米左右，其西南和西北一帶尚是河谷小平原。這樣的地理生態環境無疑很適宜種植水稻。

此外，在靖安寨下山等新石器時代晚期遺址中都發現有大量含稻杆、穀殼的草拌泥，說明在距今五千年前後的贛境地區，水稻種植業一直得到延續和發展。已在全境範圍內廣為普及。

---

63 參見楊赤宇：《江西湖口縣文昌原始農業遺存》，《農業考古》一九八八年第一期。

新石器時代晚期，贛境地區的原始居民，雖然已有較穩定的稻作農業，食物來源主要靠水稻栽培，但是先民們並沒有完全放棄傳統的漁獵和採集活動，漁獵經濟還佔有相當的比重，這可從各遺址中普遍發現有較多的石鏃、網墜等漁獵工具得到證明。一九八六年和一九八七年兩次對新余拾年山遺址發掘，共出土石器五百三十一件，其中斧、錛、鋤、钁、鏟和刀等農業工具就達兩百件，而矛、鏃、石流星、網墜等漁獵工具也有一百二十四件，這既反映出農業經濟的主導地位，也說明漁獵活動在經濟生活中的重要性。修水山背遺址中，發現石鏃的數量僅次於有段石錛，占全部出土石器的百分之二十四。在樟樹樊城堆遺址的第二、第三兩次發掘中，僅發掘七百五十平方米，出土石器總數為一百件，而石鏃就達七十件。湖口文昌洑遺址僅一次地面就採集網墜二十二件，占到採集的生產工具的四分之一，這些都說明漁獵經濟在新石器時代晚期仍居有較重要地位，它是當時原始先民用以補充稻作農業不足的必不可少的生產手段。

此外，家畜飼養業也有一定發展，如在新余拾年山遺址、清江樊城堆遺址和九江神墩遺址就分別出土有狗、豬頭和雞首形陶塑；在一些遺址中還零星出土有豬、雞、狗的骨骼。家畜飼養業的發展，與農業經濟發展和長期定居生活密不可分，它大大豐富了人們的食物種類，增強了人們體質，從而又促進了原始社會生產力水準的提高。

當然，由於自然條件、生態環境的不同，各個地區也存在著一定差異，在贛江流域及其支流的河谷平原和其他適宜於種植水稻的地區，主要依靠稻作農業的收穫，漁獵只是一種輔助經濟活

動；而在一些濱湖地區，農業的收穫量往往有限，漁獵活動甚至很可能還是人們的主要經濟來源。

第四節 ▶ 工藝技術

新石器時代晚期，隨著社會經濟的發展和社會分工的擴大，贛境地區的原始先民以其堅韌不拔的精神，與天鬥，與地鬥，艱難地開拓著贛鄱大地。也就在這艱苦的鬥爭過程中，他們不斷有所發明，有所創新，在工藝製作技藝諸如冶陶、建築和紡織等各方面都比早期有明顯的進步和發展，特別是在製陶工藝和建築技術方面更為突出，為中國原始科學技術的產生和發展作出了一定的貢獻。

一　製陶工藝

自一萬三千年前萬年仙人洞人開始創燒原始陶器以後，到新石器時代晚期，贛境地區的原始居民的陶器燒製工藝有了長足發展。

首先，選土煉泥。

贛境新石器時代晚期的原始居民，在長期的製陶實踐中，逐漸積累了一些經驗，即開始能初步識別哪些粘土不宜製陶，哪些粘土能製陶，又哪些粘土製陶最好，即有意識地進行選擇。

不僅如此，在萬年仙人洞與吊桶環的新石器時代早期初創階段，陶土基本未經淘洗，直接將粘土用來拌水拉坯成型，而到新石器時代晚期，從山背、築衛城、樊城堆、拾年山等遺址出土的

陶器來看，不僅懂得用淘洗的方法清除粘土中的砂粒、草根等雜質，使陶器表面平整光滑，而且已經懂得有意識地在某些胎料中加進一些砂粒，即所謂「摻和料」，以便改進陶土的成型性能和成品的耐熱急變性能。

其次，拉坯成型。

在選擇好胎料並進行拌水、揉製和陳腐之後，即可開始作坯成型。新石器時代早期萬年仙人洞與吊桶環人陶器成型的方法，主要有泥片貼塑法和泥條盤築法兩種，而以泥片貼塑法最早最原始。到新石器時代晚期，陶器成型的方法，除一些小型器物多沿用手工捏塑法外，主要採用泥條盤築法。

手工捏塑法的陶器，外觀上的特點是器形不甚規整，胎壁厚薄不一，甚或凹凸不平，如各遺存中出土的小件鉢、盂、碗、杯、碟和小罐等。

泥條盤築法，也是新石器時代早期以來傳統的成型方法，但新石器時代晚期的泥條盤築，在大多數情況下，是在陶車上進行的，且多採用慢輪，至今在很多陶器諸如鼎、豆、罐、壺的口沿上，常常可以見到一道道基本平行的同心圓紋，在一些陶器的肩部、腹部或高圈足豆把上往往出現一周或五、六周平行的凹凸弦紋，這些弦紋細密規整，首尾連接，這只有借助於慢輪平穩的旋轉才能製作出來。某些泥質紅陶或黑陶質的罐、壺、豆等，造型圓正規整，比例均勻對稱，陶胎也較薄，這些進步，也只能在陶車幫助下成型才能產生的效果。

在使用慢輪成型外，從某些細膩的紅陶特別是黑陶器上，還發現有快輪拉坯成型留下的螺旋形印痕。快輪成型技藝是在長期

使用慢輪技術基礎上改進提高的，它是新石器時代製陶工藝發展中的一個飛躍。

第三，打磨裝飾

新石器時代晚期，粗坯成器後，讓其晾乾到一定程度，還要進行拍打，少量的還進行簡單的刻劃和拍印等。

通體拍打的目的是使胎壁更趨緊密，有些鼓腹的器類也可通過拍打進一步完成。當時用來拍打的工具都是光面的，但至今各遺址中出土的素面拍子很少，這有可能如同雲南西盟佤族[64]和西雙版納傣族的落後陶術一樣，也是用帶長柄的素面木拍來拍打，只因時代久遠未曾保存下來。每當右手執木拍在器表拍打時，左手必須用墊子在內壁襯托，這種內墊，一般多為陶墊，且均為素面，所以在新石器時代晚期遺址中普遍都有不等的發現，如新余拾年山遺址一九八六和一九八七年兩次發掘中，就出土陶墊十二件。陶墊的形狀以蘑菇形最多，帶短柄或長柄，柄有的呈圓柱形，也有的為羊角形，有的柄上還穿一孔。此外尚有長圓柱形、圓餅形等。

坯體經過拍打後，胎骨更為緊密，胎壁相對變薄，就可進行簡單的裝飾了。裝飾有刻劃、戳刺和拍印等，還有少量的彩繪。這一時期贛地各遺址中開始產生的少量幾何形拍印紋樣，如方格紋、葉脈紋、編織紋和漩渦紋等，應都是用木質或陶質印模拍印

64　參見李仰松《從佤族製陶探討古代陶器製作上的幾個問題》，《考古》一九五九年第五期。

上去的，如萍鄉市赤山遺址就出土陶拍兩件[65]，一件為夾砂灰陶質，羊角把手；另一件為泥質灰陶質，細長空心把手，兩件的半圓弧面上均陰刻方格紋（圖17）。木質陶拍當然均早已腐朽。印模多為陰紋，故陶器表面則多為陽紋。那種常見的繩紋和籃紋，主要是用粗細不等的繩子或籐條纏繞於木拍上，然後拍印到陶器上。至於那種圓圈紋，則多是利用南方盛產的的空心小竹管直接壓印而成。

圖17　方格紋陶拍（萍鄉赤山）

　　拉坯成型過程後，還有的陶器要進行加工打磨，這就是磨光技藝的應用。在諸如山背、築衛城、社山頭和鄭家坳等一些遺址中，都不等地出土一些泥質紅陶或黑陶質的磨光陶器，其特點是表面平整光滑，甚或發亮。這種磨光陶器，是當成型後的陶器乾到一定程度後，一般多用鵝卵石蘸水在器表反復進行打磨。經過打磨後的陶器一經燒造就會產生光滑透亮的效果。磨光陶器製成的原理，據有關專家研究，乃是「由於打磨使得陶土中的一些呈片狀的礦物平行於下坯體的表面排列，減少了對光線的散射，增加了光線的平行反射，從而使陶器表面光澤可鑒。」[66]

　　第四，燒造技術

65　參見萍鄉市博物館《萍鄉市赤山大寶山遺址調查記》，《江西歷史文物》一九八〇年第四期。

66　參見後德俊《湖北科學技術史稿》，湖北科學技術出版社，一九九一年版。

在萬年仙人洞與吊桶環的新石器時代早期陶器的創燒階段，陶器的燒造溫度一般都是在攝氏七百四十至八百四十度之間變動，到新石器時代晚期，贛境地區各地燒製的陶器，一般溫度為攝氏九百度左右，最高的可達千度。陶器燒成溫度的提高，除了胎料本身的內在因素外，燒造的方式（即窯爐）的改進和技術的提高是一個關鍵。

萬年仙人洞人燒造陶器，還不懂得挖置窯爐，而是採用露天的平地堆燒法；到新石器時代晚期，露天燒造陶器的傳統方法依然沿用，但比之早期的平地堆燒還是作了改進和提高。如一九七八年發掘樟樹樊城堆遺址時，下層就清理出一座陶窯，南北八十釐米、東西九十釐米，壁殘高八釐米至十二釐米、厚十釐米至十三釐米，底呈一層紅色或灰褐色硬底，厚四釐米至五釐米。整個窯體仍是露天窯遺跡，平面基本近正方形，方向正南北，南面偏西處有一缺口，低下的底部也燒結成硬面，疑是火門道，口寬二十五釐米。窯底部留有不少燒土塊，出土有細泥質黃陶喇叭足豆、細泥質黃陶殘片和薄胎黑皮陶壺等。

上述這種露天燒造的淺穴窯，燒製出來的成品多是紅陶或黃陶等，因為紅陶和黃陶的燒成是由於陶坯中所含鐵質在燒製過程中充分氧化的結果，即使坯體內的鐵質大部分轉化成紅色的三氧化二鐵（Fe_2O_3）。而常見的那種灰褐陶特別是黑陶和黑皮磨光陶，則應是在悶窯的還原氣氛中才能燒成，有的學者稱其為採用

滲碳技術燒成[67]。具體作法是，當窯內的陶器燒到一定溫度時，將陶窯的排煙口封閉，使投入窯內的燃料在缺氧的條件下燃繞，產生含有大量未完全燃燒的微碳粒的濃煙，這些濃煙中的微碳粒就逐漸被吸附到陶器孔隙中，最後，使陶器的表面和胎體變成深灰色或黑色。

根據中原和南方地區已發掘的資料，在新石器時代晚期，這種滲碳技術的窯爐一般常見橫穴式窯[68]，遺憾的是至今贛境諸遺址中尚未發現，目前南方地區僅在福建曇石山遺址中層發現兩座[69]。Y1 保存較好，窯室呈圓形，周壁燒得堅硬，內呈紫紅色，外呈青藍色，厚兩釐米。窯室兩頭為喇叭狀，窯室兩側有二十六條小火道通達窯室內，窯底前低後高，呈四十度斜坡，其前有一喇叭形火道，呈拱形。此窯未見有火膛，當已可能被破壞。儘管江西至今尚未發現這種新石器時代晚期橫穴式窯，但從諸文化的陶器製作水準來看，推測那些黑陶、黑皮磨光陶和灰陶等，大體也是種橫穴式窯爐燒製的。當然，這種橫穴式窯爐，尚處於初期階段。它的火焰經過火道和窯室一走而過，即所謂升焰式窯，不利於溫度的提高，所以一般只能燒到千度左右。

67　參見李文傑《淺說大溪文化陶器的滲碳工藝》，《中國古代制陶工藝研究》，科學出版社，一九九六年版，第陸篇。

68　參見徐元邦等《我國新石器時代——西周陶窯綜述》，《考古與文物》一九八二年第一期。

69　參見福建省博物館《閩侯曇石山遺址第六次發掘報告》，《考古學報》一九七六年第一期。

二 建築居址

新石器時代晚期，贛境地區的原始先民也應是以氏族為單位聚族而居，同一河系、同一平原、同一溪谷散處的各個氏族，結合而成為一個部落。一個氏族聚集而居，一般都分為居住區、墓葬區和燒窯區，居住區除大小不一的氏族成員的居址外，還有一個作為公共活動場所的大型建築，一般位於居住區的中心。至今那種大型聚落中心的公共活動建築，只在廣豐社山頭遺址有所發現，其大房子的面積達百平方米以上，但是由於毀損太甚，無法復原，所以囿於考古資料，目前能作介紹的僅是大小不等的氏族成員的居住建築，其類型可分為地面式和半地穴式兩類，以地面式的最多。

第一類，半地穴式。

至今只在廣豐社山頭遺址中發現，如屬第一期文化的F37[70]，房基口部為圓形，外見五個圓形柱洞環列，有的柱洞朝內傾斜。面積約六平方米。其建築方法為：先挖一圓形、直徑約兩百四十、深約二十釐米的淺穴，再在穴中挖一直徑約一百三十釐米、深約二十釐米的小坑作火塘；火塘內先鋪墊一層紅燒土並夯實，然後墊一層大小形狀不一的鵝卵石。發掘時，鵝卵石上尚見有數層炭化織物層痕，且經緯分明。火塘中還出土有網墜、紡輪和石鏃等一批小件器物及一食草類動物的下頜骨。

---

70 參見江西省文物考古研究所等《江西廣豐社山頭遺址發掘第三次發掘》，《南方文物》一九九七年第一期。

圖18　圓形居址及復原示意圖（新余拾年山）

　　第二類，地面式，可分為圓形、方形、圓角長方套間式諸
種。

　　（1）圓形，最多見，在修水山背、新余拾年山和廣豐社山
頭等遺址中都有發現。以拾年山揭示的 F3 為例[71]，平面呈圓形
（圖18）。 房基結構為先鋪一層厚約一至二釐米夾有燒土塊和炭
屑的灰褐土。墊層內發現二十一個柱洞（D1-21），且有規律分
佈：中心並排兩個柱洞（D18、19），應為中心椿柱，其餘柱洞
分為兩圈，外圈八個（D1-8），應為外簷柱，外圈的直經約四
米；內圈九個（D9-17），應為房址牆柱，內圈直徑約二點七五
米；在東南內外圈之間有兩個（D20-D21），間距五十六釐米，
應為出入門道的門柱。內圈柱洞較大，直徑二十八釐米到三十四
釐米、深二十八釐米到三十二釐米。其他柱洞較小，直經二十二

71　參見江西省文物考古所等《江西新余拾年山遺址》，《考古學報》
　　一九九一年第三期。

釐米、深二十六到二十八釐米。洞內均填有紅燒土塊及碎陶片等。此房基的柱洞壁及牆壁似都未曾燒烤，但拾年山遺址中發現的其他居址均經燒烤過。

（2）方形，以廣豐社山頭遺址揭示的 F15（屬第一期）為例[72]。東西長三百二十釐米、南北寬兩百六十釐米。其建築方法是：先挖一深約三十釐米的方形淺穴，再在四壁抹上厚約五釐米的草拌泥，用火燒烤之。然後在居住面上鋪上厚約十釐米的黃色粘土並夯實，再又墊上一層炭粒、粘土和紅燒土塊層並夯實。房基內有兩個圓形柱洞（D1、2），中心見一中心柱（D3）。房基北端有一寬約一百釐米的方形台案，高約十五釐米；台案北側有兩個經火烤成的凹面圓形柱礎（一個已殘）。房基南端有兩個對稱而置的作柱礎的長條形大石塊，門道朝南。房址內出土器物二十餘件，陶器有鼎、豆、壺、缽、盆、紡輪和網墜，石器有錛、鏃等。這種設方形台案的方形建築居址與河南鄭州大河村遺址的房居[73]有驚人的相似。

（3）圓角長方形，目前僅在修水跑馬嶺遺址揭示一座[74]（F1）。南北長六點五米、東西寬四點五米。牆基內發現柱礎十一個，房址內有柱礎兩個，柱礎全為砂岩，形狀不一，最大的長

72　參見江西省文物考古所等《江西廣豐社山頭遺址發掘》，《東南文化》一九九三年第四期。

73　參見鄭州市博物館《鄭州大河村遺址發掘報告》，《考古學報》一九七九年第三期。

74　參見江西省文物管理委員會《江西修水山背地區考古調查與試掘》，《考古》一九六二年第七期。

五十五釐米、寬二十七釐米、厚八釐米；最小的長十六釐米、寬十釐米、厚六釐米。柱礎間距不一，並稍低於居住面而落在生土上。東面牆基有一段保存較好，殘高三十釐米、寬六釐米到二十釐米，兩邊較平整，並有三、四號兩柱礎明顯寓於牆基內。牆基用紅燒土摻入稻杆、穀殼夯築，再經焙燒。居址內西南角套一小室，小室西北面保存一段隔牆基，東面有兩塊柱礎，當為通入內室的門道。居址南壁有寬約八十釐米的通道，當為大門，此處較平整堅硬，向南逐漸成斜坡。室內西北近牆基有一長圓形袋狀火塘，火塘低於居住面，火塘壁表層留有厚兩釐米的灰黑色焙燒痕，塘坑底有厚約十五釐米的紅燒土，並有一層厚約三釐米的黑

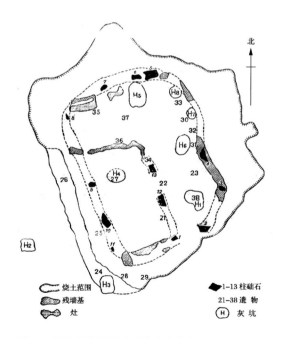

圖19　圓角長方形居址（修水山背）

色燒土面。由火塘向東一點六米處有一南北向的的長坑，坑內有灰土及陶片等，當可能作存放灶灰之用。房居內還置有五個窖穴（H1、H4、H6、H7、H8），多數呈圓形或橢圓形，都是用來存放糧食和其他雜物的。西牆基外六十釐米處，還有一條南北向的水溝，長六米、寬零點六米、深零點一五米到零點四米。溝內滿填西牆壁倒塌的紅燒土。溝北端略高於南端，成斜坡狀，溝壁較堅硬。西牆與水溝之間，出現路土面，土質堅實，顯然應是屋簷下的走道（上頁圖19）。

根據該房址留下的上述遺跡判斷，其屋頂為東西兩面坡式。其建築過程大體為：第一步，用紅燒土塊等夯實居住面、挖出火塘和窖穴，特別是挖出並夯實牆基（包括小套間隔牆）、鋪置柱礎，燒烤地面、火塘、窖穴和牆基；第二步，豎立牆基和室內立柱，並用木骨泥牆法築起四周和套間式隔牆牆體，這是建築工程中最複雜也最費時的一步；第三步，燒烤所有牆壁；第四步，架設並覆蓋屋頂和鋪設散水；第五步，挖設室外排水溝和修整門道等。很顯然，該建築施工中，除要求房體的堅固外，特別重視防水、防潮的處理。這些都表明，贛境地區新石器時代晚期的建築技術已具有一定水準。這種室內有隔牆分開的套間式建築，直到現在還流行於江西的部分山區，叫作「邊房邊廳」的建築形式。

還有意義的是，這座居址中還遺存了大批的生產工具和日用器皿，完整或可辨出的器形者總數達一百八十三件之多，這也是一般發現的新石器居址中所少見的。而且，室內的遺物似乎是有規律地堆放著：除內室門道一側存放一堆外，其他都是堆放在近牆壁、燒坑附近以及房外的屋簷下。在燒坑附近出土的多是鬻、

豆、壺、盤等生活器皿；在室內牆壁下和屋簷下出土的多是生產工具。這就告示我們，這座房子的主人很可能是在某種突如其來的情況下倉促離去，致使原貌得以保存下來。這種原始居址和室內各種陳設的如實再現，無疑為我們探索房屋主人身份、人口和生產等情況提供了極可貴的資料。在一座房居中，竟然出土生產工具達一百一十五件，日用陶器六十八件，這決非是二、三個人的小的氏族家庭，而應是一個較大的氏族家庭的住所。從出土生產工具的比例來看，錛、斧、刀等農業工具近五十件，石鏃二十四件，這又告訴我們，房子主人從事的生產活動應是以農業為主，但漁獵經濟還佔有一定比重，也有一定紡織業。

從上述贛境地區新石器時代晚期的建築遺存來看，有一個共同的特點，就是牆壁的築砌普遍採用木骨泥牆法。所謂木骨泥牆就是指立柱包含於牆基之中，立柱與立柱之間用木板或木棍、竹片之類緊密架接成木骨牆，再用粘土拌水並摻入稻草和穀殼等，使之成具粘性糊狀，然後將其一層層塗刷於木骨牆的兩面並抹平，使之成厚厚的木骨泥牆，最後加火燒烤成紅燒土。經過燒烤過的紅燒土牆壁，一般是外壁呈紅色，內面呈黑褐色。這種木骨泥牆糊的紅燒土塊，在各遺址發現的建築居址中都有出土，在湖口縣文昌洑新石器時代晚期遺址[75]發現的建築居址紅燒土牆斷塊中，就有四塊留有立柱、木棍壓痕（下頁圖 20），立柱壓痕直徑

75　參見楊赤宇：《江西湖口縣文昌洑原始農業遺存》，《農業考古》一九八八年第一期。

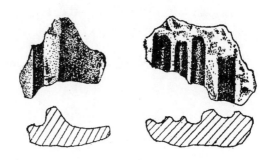

圖20　帶木骨泥牆痕的紅燒土塊（湖口文昌戒）

十二釐米，木棍壓痕直徑一釐米至二點五釐米。在一塊三角形的
紅燒土塊上，既有豎立的木棍壓痕，還有一條橫斜形的木棍壓
跡，痕徑二點五釐米，豎棍痕和斜棍痕連接處的角呈六十度，這
條斜棍壓痕，有可能是屋頂邊沿的構件。棍、柱壓痕的另一面，
比較平坦，當是內外牆更有可能是內牆壁面，其中一塊牆面上還
刻劃著六邊形或三角形圖案，這在至今已發現的新石器時代晚期
建築居址中尚是罕見的實例。

　　贛境地區在新石器時代晚期盛行的這種木骨泥牆建築結構，
是原始先民在長期生產、生活實踐過程中創造出來的經驗，因為
原始居民知道，純粘土抹牆易剝落，易乾裂，且容易被雨水沖
毀，而若摻入稻杆和穀殼再和泥，不僅能克服以上缺點，還能起
防水、防潮甚至保暖的作用。

　　此外，紡織、琢玉和陶塑等技藝也都有一定進步。以紡織技
術來說，幾乎所有被發現的新石器時代晚期遺址，都出土有數量
不等的紡輪。其紡輪均為陶質，形制主要有扁鼓形、扁棱形（有
棱在中部或偏下、偏上之分）、梯形、算珠形、一面隆起作半月

形和一面周邊起棱等多種（下頁圖 21），有的在一個面上錐刺或刻劃或彩繪有輪旋紋、四葉紋、八角星紋、六瓣連弧紋、五朵梅花點紋、弧線紋和六組剔刺紋（每組 20 個點）等，一般直徑二點五釐米到五點六釐米、厚零點五釐米到三釐米，中間多一釐米左右的小孔。紡輪是原始先民使用的紡紗工具，中心的圓孔是用來插撚杆的，紡輪和撚杆組合稱為紡縛。當時用於紡織的主要是植物纖維（麻類）和獸類的毛髮之類，將撕開後的植物纖維系在稔杆上，用手指轉動稔杆，使紡輪不停旋轉，從而將植物纖維等紡成紗，進而用來作編織之用（圖 22）。在一些陶器上留有粗細不同的編織印痕，在廣豐社山頭發現的半地穴式房居（編號 37）的火塘中，有些鵝卵石上也見有數層炭化織物印痕，這些都說明紡織和編織業的廣為流行，而且紡紗織布主要是婦女的日常工作。

　　這裏，有必要特別介紹一件陶紡輪。該紡輪是在鄭家坳文化（第二期）中出土，體呈扁平，徑五點六釐米、厚兩釐米，器表

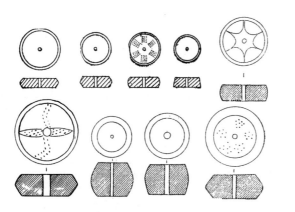

圖 21　形式多樣的陶紡輪

圖 22　紡輪使用示意圖

刻劃有一八角紋圖案（圖 23）。這種獨特的八角紋圖案，雖有八角，但並不正指八方，而是每兩角平行指向一方，故實際指示的還是東西南北四方。從目前已有考古資料，中國新石器時代遺存中，已多處發現這種八角形圖案，但主要集中於長江中下游和黃河下游的中國東部地區，向北或可延伸到遼河流域。新石器時代的這種八角圖形，決不可能是隨意所繪，而應具有其特殊意義。據有學者考釋，八角與八卦有著密切聯繫，現代少數民族彝語中，「八卦」就被稱為「八角」。「種種證據顯示，這種圖像很可能就是目前我們所知最原始的洛書！它是古人對生成數與天地數兩種不同天數觀的客觀反映，體現了遠古先民對原始宇宙模式及天數理解的極其樸素的思想。」[76]

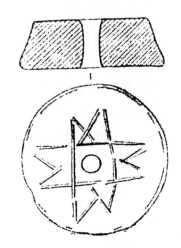

圖 23　飾八角紋圖案紡輪（靖安鄭家坳）

76　參見馮時：《史前八角紋與上古天數觀》，《考古求真集》中國社會科學出版社，一九九七年。《易・系辭上》：「河出圖，洛出書，聖人則之。」傳說伏羲氏時，有龍馬從黃河出，背負「河圖」；有神龜從洛水出，背負「洛書」。伏羲根據這種「圖」、「書」畫出八卦，這就是後來《周易》的來源。

第五節 ▶ 葬制習俗

　　贛境地區新石器時代晚期氏族墓地，一般多選擇於氏族聚落遺址的邊緣地區，如靖安鄭家坳墓地，就在鄭家坳遺址的南邊，方向均為南北向；新余拾年山遺址清理的八十座墓葬，也多集於發掘區的南部，只有個別墓葬分布在北部，且方向基本都為東西向（圖24）。廣豐社山頭遺址清理墓葬近二十座（屬一、二期），也皆東西向。此外，樟樹樊城堆遺址以及九江神墩等遺址都發現有不等量的墓葬，只是因發掘區域和發掘面積的局限，這些氏族墓地都難以窺其全貌。

　　從已經清理出的百餘座墓葬來看，有一次葬和二次葬之分，

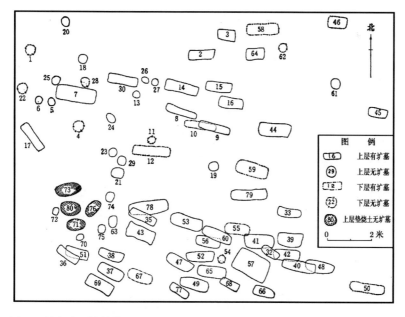

圖24　拾年山氏族墓葬分布平面圖

靖安鄭家圳墓地全為一次葬；新余拾年山墓葬均為二次葬，或稱二次遷骨葬；廣豐社山頭墓葬既有一次葬，又有二次葬。從墓葬形制來說，可以分為有壙墓、無壙墓和甕棺葬三種。

一　有壙墓

　　數量較多，凡一次葬的基本都是有壙墓，凡二次葬的也以有壙墓為多，如新余拾年山清理的八十座二次葬墓，就有四十九座為有壙墓，只有三十座是無壙墓。壙室基本都是長方形土坑豎穴，只有個別的如九江神墩發現一座圓角長方形土坑豎穴墓[77]和廣豐社山頭發現一座長方形土坑二層台墓（圖

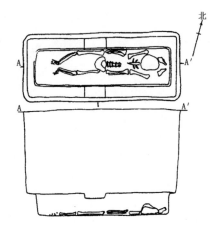

圖 25　　長方形土坑二層台墓（廣豐社山頭）

25）[78]。就是長方形土坑豎穴墓的情況也不一樣：靖安鄭家圳墓葬的墓坑口與墓底大小相等，即壁較直，且多有木槨葬具，但屍骨和葬具多已腐朽；新余拾年山墓葬，則墓坑口大而底小，呈長

77　參見江西省文物工作隊等：《江西九江神墩遺址發掘簡報》，《江漢考古》一九八七年第四期。

78　參見江西省文物考古研究礦：《江西廣豐社山頭遺址第三次發掘》，《南方文物》一九九七年第四期。

斗形，四壁和底部均經火燒烤，燒烤面厚一釐米到一點五釐米、墓口長零點五四米到一點八米、寬零點二八米到零點七八米、底長零點四八米到一點六九米、寬零點二六米到零點五米、深零點二四米到零點九六米，即墓室長以一米左右最多，最長的為一點八米（F57），且絕大多數不見葬具，只有個別墓內有單層木槨痕跡。遷骨葬前，先在墓底墊上一層黑色灰燼土，然後撒上骨渣或骨骸殘片等，有的再蓋上一層紅燒土。

二　無壙墓

這是一種極簡易的特殊葬俗，既沒有壙穴，也未見有葬具痕跡。底部墊有黑色灰燼土，形狀多為橢圓形或圓形，極少數為不規則形。橢圓形長軸二十四釐米到一八四釐米、短軸二十一釐米到六十一釐米；圓形直徑二十八釐米到五十四釐米。墊土上見有骨渣或骨骸集聚。多數沒有隨葬品，有的話也數量很少，一般只有一到四件。

三　甕棺葬

只在樟樹樊城堆和新余拾年山遺址有少量發現，甕棺葬多是小孩墓葬。樊城堆遺址清理的甕棺葬葬具為黑陶甕，並帶蓋，蓋與甕系用子母口套合。有一件黑陶甕之口徑達四十釐米，內置有三根長的骨骸和牙齒。有的甕內置骨渣和灰燼土等。新余拾年山清理的一座甕棺葬，埋在一個直徑五十三釐米、深六十五釐米的圓形坑穴內，葬具由一件陶壺、兩件陶豆組合而成，其中一件陶豆正置於陶壺內，另一件陶豆反扣於壺口上。壺內裝有骨渣。

上述三類墓中，除一部分無隨葬品外，多數墓葬都有不等的隨葬品，多者十四、十五件，少者一至五件，大部分置於墓室兩端，只有少量石器、紡輪或陶器放在死者腰部或坑底之中間部位。這種較多有隨葬品的埋葬習俗，是贛境地區新石器時代晚期原始先民一種觀念和信仰的反映，是自新石器早期萬年仙人洞人即已萌生的那種靈魂不滅觀念進一步發展的表徵，他們認為死後還要在來世的另一個世界繼續享受人間生活，所以，要為死者隨葬一些他生前的生產和日常用品。

從新余拾年山墓地和靖安鄭家圳墓地的分布和墓葬方向均一致來看，似應是兩個氏族墓地，它是以血緣紐帶為聯繫的同一氏族的血緣觀念的反映。他們認為，同一氏族的人，都是一個老祖宗生下來的，有著親密的血緣關係，活著在一起，死後也要在一起，所以死後要埋在自己氏族的公共墓地。但是，從拾年山清理的八十座墓看，無壙穴墓三十座，有十一座沒有隨葬品，即或有隨葬品的數量也少，一般只一至四件；有壙穴墓四十九座，也有二十座沒有隨葬品，有隨葬品的最多為十一件（當然，有可能隨葬品更多的墓葬尚未發現）。此外，只要細心審視拾年山墓葬分布圖，就不難發現上下層有壙穴墓多集中分布在東部，上下層無壙穴墓多集中在西部邊緣。這些都頗有意義地告之我們這樣一個資訊，儘管無隨葬品的氏族成員也平等地葬於氏族墓地，甚至有的還有一定的壙室，但表明氏族成員之間已開始發生急劇的分化，表明氏族成員的平等態勢與地位已趨於分化和動搖。

新石器時代晚期，即距今六千至四千一百年這段期間，是贛境地區史前聚落快速發展和繁榮時期，從各遺存發現的建築居

址、墓葬和生產工具、生活用器等所反映出的生產力水準看，這一時期還處於母系氏族制社會的繁榮階段，這時期的婦女在生產、生活中仍處於主要地位，婚姻關係已從族外婚制演進到「對偶婚」和對偶家庭，即對一個女子來說有一個主要的丈夫，還有一些非主要的丈夫；對男子說，也有一個主要的妻子和一些非主要的妻子[79]。子女過去只知其母不知其父，現在開始漸漸知其父了。

第六節 ▶ 新石器時代贛境居民族屬

如第一章所述，據現有的考古調查資料，贛境這塊紅土地上遠在二十萬年前就開始有原始人類生息、繁衍，此後一直綿延不斷，到新石器時代晚期，其居民的分布更是遍及江西的東、南、西、北、中，也就是說，今天江西的十一個地級市和八十三個縣（區、市）大部分都有原始居民居住，只是有的地區較密集，有的較稀疏。那麼，新石器時代以來贛境地區的這些原始居民究竟屬於古代什麼族群？這是很值得探討的問題。

根據文獻記載和古史傳說，四、五千年前，亞洲東大陸上分布著眾多不同的部族共同體，但總的是分屬於三個大的部族集團，即中原地區的華夏集團、東方的東夷集團和南方的苗蠻集

79　參見馬克思《摩爾根（古代社會）一書摘要》，人民出版社一九七八年版，第33頁。

團。有意義的是，這三大部族集團的古史傳說，卻被新中國成立以來各地發現的考古學文化所證實。

一 古「三苗」的分布地域

一般認為，中原的仰紹文化——河南龍山文化屬於華夏集團先民的遺存；大汶口文化——山東龍山文化則為東夷集團先民的遺存。那麼，南方的苗蠻集團包括有哪些考古學文化遺存？這就涉及到苗蠻集團先民的分布問題。

「三苗」的分布地域，一般都以《戰國策・魏策》引吳起的話為據：「昔者三苗之居，左彭蠡之波，右洞庭之水，文山在其南，而衡山在其北，持此險也，為政不善，而禹放之。」然而，由於對這番話的理解不同，則得出兩種不同結論，早年錢穆曾說：「此言三苗左彭蠡右洞庭，非後世江域之彭蠡洞庭也。」結論是「古者三苗疆域蓋在今河南魯山、嵩縣、盧氏一帶山脈以北；今山西南部諸山，自蒲阪、安邑以至析城、王屋一帶山脈之南，夾黃河為居，西起蒲潼、東達滎鄭，不出今河南北部、山西南部，廣達數百里間也。」什麼理由呢？是乃「江域洞庭在西，彭蠡在東，此言左彭蠡右洞庭，以左孟門右漳釜例之，則左是西，右是東，與江域彭蠡洞庭左右適得其反。」[80]也就是說，按《戰國策・魏策》另一處載：「殷紂之國，左孟門，而右漳釜」，則左應是西，右應是東，而吳起說左彭蠡右洞庭正好方向相反，

---

80 參見錢穆：《古三苗疆域考》，《燕京學報》第十二期，一九三二年。

所以他所指非後世的彭蠡洞庭。

對錢氏這種三苗之居為黃河兩岸說，現代絕大多數學者都未曾信從。《戰國策》所引吳起的有關「三苗之居」左彭蠡右洞庭之說，其他史籍諸如《史記·吳起列傳》、《韓詩外傳》卷三、《說苑·君道》等也有相類似的記載，惟一不同的是兩湖的方向有異，即均以洞庭為左，彭蠡為右。究其原因，《史記·五帝本紀》張守節正義作了明確的解釋：「以天子在北，故洞庭在西為左，彭蠡在東為右」。也就是說，這是因天子居北而面對天子而言的；反之，若以坐北朝南的天子而言，則自然是左彭蠡右洞庭了。座向不同，自然左右方向也就不同，這是很淺顯道理。此外，新的考古資料也證實，古代地圖的方位也不盡相同，時有換置，如甘肅天水放馬灘一號秦墓出土的邽縣地圖，「方位是上北下南，左西右東，與現在的地圖方位相同」[81]，而湖南長沙馬王堆西漢墓出土的長沙國南部地圖則是上南下北，左東右西，與現在的地圖正好相反[82]。這些都說明古代的方位體系應該有兩種，即以人的坐向為轉移而互易的，繪描地圖是如此，文獻記載更如此，所以，認為吳起所言左彭蠡右洞庭犯有方位錯誤，甚至據此就否定它們是「江域之彭蠡洞庭」，而是在北方黃河龍門以下的

81　參見何雙全：《天水放馬灘秦墓出土地圖初探》，《文物》一九八九年第二期。秦時邽縣包括今天水市北道區、秦城區、秦安縣和清江縣等地。

82　參見譚其驤：《兩千一百多年前的一幅地圖》，《文物》一九七五年第二期。

河段，這確是令人難以接受。

「文山在其南」的「文山」已不可考，但大體應在彭蠡與洞庭之間或稍南的某地。「衡山在其北」的衡山，徐旭生已有詳細考證[83]，他肯定郝懿行所說的非湘南的衡山而是河南西南部的雉衡山[84]（今南召縣境）。然後他又說：「考『衡』的解釋為橫，南北為縱，東西為橫、為衡。……所以凡東西行的山多可叫做衡山。」從這個意義上說，他認為古衡山「也許是桐柏及大別各山脈」。雉衡山位於南陽盆地，桐柏與大別山位於東南，基本呈西東偏南走向，儘管吳起所指之衡山，尚不能確指為何山，但想來從雉衡山到桐柏、大別山一線，應是苗蠻集團分布的北界。

「三苗之居」的東、西界域，古往今來較一致認為就是在江域之彭蠡與洞庭之間。《史記・五帝本紀》張守節正義注：「洞庭，湖名，在岳州巴陵西南一裏，南與青草湖連；彭蠡，湖名，在江州潯陽縣東南五十二裏。……今江州、鄂州、岳州三苗之地也。」唐朝的江州在今江西九江，鄂州為今湖北武昌，嶽州乃湖南岳陽。《路史・國名記》引周景式《廬山記》（早佚）的話說：「柴桑彭澤之間古三苗國，左洞庭，右彭蠡，負固而亡者，今衡、嶽、潭之境。」《朱子集》卷引詹元善的話說：「苗民之國，三徙其都，初在今之筠州，次在今之興國軍，皆在深山中，人不

83　參見徐旭生《中國古史的傳說時代》（增訂本），文物出版社，一九八五年。

84　參見郝懿行《山海經箋疏・中山經》，巴蜀書社，一九八五年。

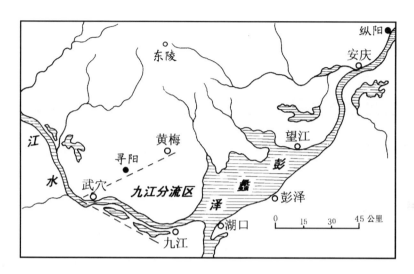

圖 26　先秦時期彭蠡澤示意圖（據譚其驤文插圖）

可入，已也難出，最後在今之武昌縣，則據江山之險，可以四出為寇，而人不得而近之矣。」元黃鎮成《尚書通考》也雲：「三苗之國，左洞庭，右彭蠡，今江州、鄂州、岳州三苗之地也。」今人徐旭生正是依據古人的這些論述更明確地指出：「彭蠡就是現在的鄱陽湖，左彭蠡右洞庭，應該在湖南、江西的北部。」[85] 過去，筆者對朱子所引詹元善關於三苗三徙其都的說法雖曾表示「當然不足為信」，但對贛境為古三苗國的範圍也深信不疑[86]。現在，隨著考古資料的大量發現及研究的深入，對三苗族的分佈範

85　參見徐旭生《中國古史的傳說時代》（增訂本），文物出版社，一九八五年版。

86　參見彭適凡《中國南方古代印紋陶》，文物出版社，一九八七年版。

圍，特別是對贛北地區是否屬三苗範圍的問題，似有進一步審視和探討的必要。

首先，需討論的是吳起時所言的彭蠡澤是否就是今日之鄱陽湖問題。據著名歷史地理學家譚其驤等考證[87]，古代的彭蠡澤不是今日江西的鄱陽湖，「無疑是在大江之北，其具體範圍當包有今宿松、望江間的長江河段及其以北的龍感湖、大官湖和泊湖等湖沼地區。」（上頁圖 26）今天鄱陽湖的北部在古代還僅是大江南邊的一條小江，而今天鄱陽湖的南半部的廣大水域，在古代則還是一片河網交錯、田園阡陌、水路交通發達的平原地貌景觀（西漢高帝設立鄡陽縣，稱鄡陽平原），直到南朝劉宋永初二年（西元 421 年）古鄡陽縣撤銷以前都尚未形成，甚至到隋唐時代，彭蠡湖的範圍仍然局限在鄱陽北湖地區，今日鄱陽南湖在當時尚未形成。北宋以後隨著湖面的擴大，才基本形成今天的鄱陽湖（下頁圖 27）。

譚氏這種從歷史地理變遷考察得出的結論，過去未曾引起歷史、考古學者所重視，實際上，弄清歷史地理的變遷在一定情況下往往是解開某些問題的一把鑰匙。譚氏的這種觀點，對照有關古代典籍也可找到佐證。《尚書・禹貢》：「淮、海惟揚州，彭蠡既瀦」，又導漾（漢水上游）入江，「東匯澤為彭蠡」。當然，這

---

87 參見譚其驤、張修桂：《鄱陽湖演變的歷史過程》，《復旦學報》（社會科學版）一九八二年第二期。魏嵩山主編：《中國歷史地名辭典》，江西教育出版社，一九八六年，第 849 頁。

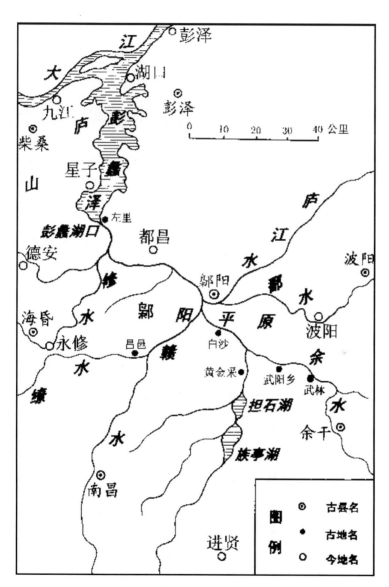

圖27　漢唐鄱陽平原水系圖（據譚其驤又插圖）

裏並未確指東匯之彭蠡是江北抑或江南，但《史記・封禪書》中記錄漢武帝南巡的路線，古彭蠡在江北就明顯不過了。司馬遷在《史記》中載漢武帝「自尋陽（今湖北黃梅縣境）出樅陽（今安徽樅陽縣），過蠡澤，禮其名山川。」這裏，無疑古蠡澤應和樅陽、古尋陽在江北的一條線上，而不可能在江南。既然古彭蠡澤不在今之江西鄱陽湖，那麼三苗的分布範圍，似不應含江西的北部，而應是以湖北的江漢地區為中心，北及河南西南部的南陽盆地，南達湖南洞庭湖以北地區。大量考古資料證明，湖北地區包括南陽盆地的新石器時代文化，即時代較早且偏西的大溪文化到屈家嶺文化再到較晚的石家河文化，學術界較一致認為，應該就是三苗不同時期的文化遺存[88]。

第二，從前所述贛境地區至今已發現的新石器時代的考古學諸文化來看，其文化面貌都與三苗中心區的大溪文化、屈家嶺文化和石家河文化明顯有別。以贛西北的山背文化來說，儘管地理位置上與江漢平原相鄰，在文化特徵上如某些陶器器形與屈家嶺文化相近似，但總體文化面貌大不相同，屈家嶺文化多見的彩陶工藝在山背文化中基本不見。以贛境地區新石器時代晚期分布最廣的主體文化築衛城文化來看，儘管在樟樹樊城堆下層出土有少量泥黃陶的彩陶片，表明曾受到屈家嶺文化的一定影響，但其生產工具和陶器的總體特點與屈家嶺文化差異甚大。至於鄭家坳文

88　參見俞偉超《楚文化的淵源與三苗文化的考古學推測》，《先秦兩漢考古學論集》，文物出版社，一九八五年版。

化，正如前面所述應歸屬江北皖南的薛家崗文化範疇。

　　第三，贛境至今發現的新石器時代文化，與古文獻所記述的有關三苗族的社會經濟情況和發展水準有較大差異。三苗的族源，可追溯到縉雲氏。《尚書‧堯典》：「流共工於幽州，放讙兜於崇山，竄三苗于三危，殛鯀於羽山，四罪而天下咸服。」東漢鄭玄注釋曰：「命讙兜舉共工，則讙兜為渾敦也，共工為窮奇，鯀為檮杌也，而三苗為饕餮可知。」馬融也注曰：「三苗……縉雲氏之後為諸侯，蓋饕餮也。」**[89]**作為縉雲氏後裔的三苗族，其社會經濟發展程度如何？《左傳‧文公十八年》載及縉雲氏有不才子饕餮，「貪于飲食，冒於貨賄，侵欲崇侈，不可盈厭，聚斂積實，不知紀極，不分孤寡，不恤窮匱。」這裏所講「冒於貨賄」，冒者貪求也，「貨賄」者為「金玉曰貨，布帛曰賄」（見東漢鄭玄注《周禮》）。一個族群，已經出現了追求吃喝、貪求金玉布帛，侵人肥己，崇尚奢侈，還不能滿足，聚財積穀，到了無以復加的程度，而且，不分給孤兒寡母，不周濟貧困之人，這樣的原始民族，無疑是因社會生產力的發展，已帶來社會財富的盈餘，引起了社會分配的不均和貧富的分化，原始氏族制已處於日逐解體時期。此外，當時三苗的社會生活中已開始實施刑法。《尚書‧呂刑》載：「苗民勿用靈，制以刑，惟作五虐之刑，曰法，殺戮無辜，爰始淫為劓、刵（《說文》引作刖）、椓、黥……。」這裏，所謂「苗民勿用靈」「惟作五虐之刑，曰法」，

89　《尚書‧堯典》注，見《十三經注疏》，中華書局一九八〇年。

表明這時的苗民已不再用傳統的原始宗教即「靈」的手段來維持社會秩序，而改用新的嚴峻的刑罰，儘管這種刑法不像是進入階級社會以後那種由國家機關按一定程式制定出的成文法，但它的出現，無疑是三苗族社會生活發生深刻變化的表徵，是三苗族人的社會發展階段已走到文明門檻前的反映。對照江西地區已發現的新石器時代晚期諸文化，雖然墓葬資料發現不多，但從其反映出的生產力水準及社會發達程度都遠不如同一歷史時期的三苗族。而恰恰相反，大量的考古特別是墓葬資料證明，江漢地區新石器時代晚期諸文化的生產力水準和社會發展程度倒和三苗族所處階段相吻合[90]，故而有的學者直接逕稱「石家河文化連同其前身屈家嶺文化，當即三苗文化。」[91]

第四，根據湖北考古學者的調查與研究，在鄂東南地區發現了一批新石器時代晚期遺址，諸如大冶上羅村、南山水庫、揚橋水庫、蘄春易家山、通城堯家林和黃梅龍感湖等遺址，這些遺址有著較為一致的文化面貌，即生產工具中普遍發現有有段石錛、有肩石斧等；生活用器陶器多以夾砂紅陶為主，還有泥質紅陶、夾砂灰陶和少量印紋陶等，紋飾主要有繩紋、方格紋、籃紋、附加堆紋等，器物組合以鼎、豆、壺、罐等為主。顯然，這些文化特徵與江漢地區三苗族系的大溪文化、屈家嶺文化和石家河文化

---

90 參見張緒球《長江中游新石器時代文化概論》，湖北科學技術出版社，一九九二年版。
91 參見任式楠《長江中游文明起源探索》，載《任式楠文集》，上海辭書出版社，二〇〇五年版。

都不盡相同，正如有的學者所指出，它們已「具備古越族考古文化的主體因素」[92]，「這些新石器時代遺址的主人，都只能是創造這種文化的古越族先民本身。而正是這支古越族，成為周代揚越的先民。」鄂東南與贛北相鄰，通城堯家林遺址與修水山背遺存僅被幕阜山相阻；黃梅龍感湖遺址東與安徽毗連，南與贛境九江隔江相望，既然鄂東南發現的新石器時代文化主人為古越人，那麼地處其南的贛境地區新石器時代文化主人自然也應是古越人，三苗族不可能跨過鄂東南而進入贛境地區。

二　古先越民族

既然贛境地區的北部不屬於「三苗之居」的範圍，那麼新石器時代江西地區的原始居民屬於何族呢？我們認為，應屬於古越族，更準確的說應屬古先越民族。

古越民族淵源甚古，在河南安陽殷墟出土的甲骨文中，就發現有不少「戉」字（詳見第四章），古「越」與「戉」相通，可見「越」名稱的出現，最早可上溯到商代。對殷墟出土這樣多的「戉」字，範文瀾也疑是指南方的「越國」[93]。又據《逸周書・伊尹朝獻》載，商湯時，奴隸出身的伊尹管理四方部族，東方就有「漚深等九夷十蠻，越漚鬋發文身，諸令以魚皮之鞸，鰂鰂之

92　參見劉玉堂《論湖北境內古越族的若干問題》，《百越史研究》，貴州人民出版社，一九八七年版。

93　參見範文瀾《中國通史簡編》，修訂本，第一編，一九六五年版。

醤，鮫韍利劍而獻。」這裏講的「漚深」、「越漚」，似應指古越族而言。西周時期，有關越族活動的記載更多。東周之世，開始出現「百越」一詞，即所謂「揚漢之南（高誘注：『揚州漢水南』），百越之際（高誘注：越有百種）」（《呂氏春秋・恃君覽》）。這裏應是泛指揚州、漢水之南，春秋戰國時期尚廣泛地分布著百越民族。《漢書・地理志》引臣瓚語說：「自交趾至會稽七八千里，百越雜處，各有種姓，不得盡雲少康之後也。」林惠祥更是具體指出，百越所居之地甚廣，占中國東南及南方，如今之浙江、江西、福建、廣東、廣西、安徽和湖南諸省[94]。春秋戰國時期，廣袤的南方地區尚有如此眾多古越民族，而且種姓繁雜，商、周時期也有越族的頻繁活動，那麼在此之前更久遠的新、舊石器時代，無疑也應是古越民族先祖的活動區域，只是當時沒有什麼文字記載，所以我們要準確稱呼的話，南方地區新、舊石器文化的主人應為古先越民族，他們創造的文化應稱為先越文化。

前已述及，贛境地區至今已發現的諸種新石器時代晚期文化，明顯與江漢地區屬三苗系的大溪文化、屈家嶺文化和石家河文化有別，而是各自有著自身特色的新石器時代晚期文化，故分別命名為不同類型的所謂「拾年山文化」、「山背文化」、「築衛城文化」、「鄭家坳文化」和「社山頭文化」等。但是，諸種文化類型之間也明顯可看出有其內在的、共同的文化因素：如諸遺

94　參見林惠祥：《中國民族史》，商務印書館印行，一九三六年。

存中均發現有不等的有段石錛、有肩石器或弓形錛等；再如諸遺存中的陶器多為夾砂紅陶、泥質紅陶或夾砂灰陶等，尚有少量黑皮磨光陶，特別是有不等的早期幾何形印紋陶器，如方格紋、葉脈紋、曲折紋以及繩紋、籃紋等。這些共同的內在文化因素即所謂「共性」，贛江流域的新石器時代晚期文化如此，整個南方地區大體也如此，「這不僅說明南方諸土著文化之間有著廣泛、密切的聯繫，而且說明它們很早以來就有可能屬於一個大部族的共同體，他們創造的共同文化自然就是一個族的『族文化』，這個『族文化』應該就是古越族的文化。」[95]而各個不同類型原始文化的自身特色即所謂「個性」，又正好說明古越民族支系繁雜，「各有種姓」，而且越往古代，種姓越雜，支系越多。

當然，話得說回來。贛境地區不屬於三苗的分布範圍，這是從「苗蠻集團」狹義涵義來理解的。若從廣義的「苗蠻集團」來說，不僅贛境就是南方其他地區的古越族也都可歸屬於這一集團。所謂「苗蠻集團」是夏代以前對整個南方地區原始民族的泛稱。「苗」者，又稱「三苗」、「有苗」、「苗民」等，「蠻者」，南蠻也，其中當然就含有古越族。由於三苗族所處地域緊鄰中原，所以堯、舜、禹要向南擴展，三苗是首當其衝，隨之而來的是對三苗展開持久不息的爭鬥和戰爭。正因如此，故讓人誤以為「苗蠻集團」就是指三苗，實際上其中族類繁雜，三苗只是其主要民族，古越族也應是其中之一。

95　參見彭適凡：《中國南方古代印紋陶》，文物出版社，1987年。

江西文庫 A0701A01

江西通史：先秦卷　上冊

主　　編	鍾啟煌
作　　者	彭適凡
責任編輯	楊家瑜

發 行 人	陳滿銘
總 經 理	梁錦興
總 編 輯	陳滿銘
副總編輯	張晏瑞
編 輯 所	萬卷樓圖書股份有限公司
排　　版	菩薩蠻數位文化有限公司
印　　刷	百通科技股份有限公司
封面設計	菩薩蠻數位文化有限公司

出　　版　昌明文化有限公司

桃園市龜山區中原街 32 號

電話 (02)23216565

發　　行　萬卷樓圖書股份有限公司

臺北市羅斯福路二段 41 號 6 樓之 3

電話 (02)23216565

傳真 (02)23218698

電郵 SERVICE@WANJUAN.COM.TW

大陸經銷　廈門外圖臺灣書店有限公司

電郵 JKB188@188.COM

ISBN 978-986-496-176-4

2018 年 1 月初版

定價：新臺幣 280 元

如何購買本書：

1. 轉帳購書，請透過以下帳戶

合作金庫銀行 古亭分行

戶名：萬卷樓圖書股份有限公司

帳號：0877717092596

2. 網路購書，請透過萬卷樓網站

網址 WWW.WANJUAN.COM.TW

大量購書，請直接聯繫我們，將有專人為您

服務。客服：(02)23216565 分機 610

如有缺頁、破損或裝訂錯誤，請寄回更換

國家圖書館出版品預行編目資料

江西通史 先秦卷 / 鍾啟煌主編. -- 初版. --

桃園市：昌明文化出版；臺北市：萬卷樓

發行, 2018.01

　冊；　公分

ISBN 978-986-496-176-4(上冊：平裝). --

1.歷史 2.江西省

672.41　　　　　　　　　　　107001856

本著作物經廈門墨客知識產權代理有限公司代理，由江西人民出版社授權萬卷樓圖書
股份有限公司出版、發行中文繁體字版版權。

本書為金門大學華語文學系產學合作成果。　　校對：陸仲琦／華語文學系二年級